CFSSS
NUFE

南京财经大学
粮食安全与战略研究中心

U0681306

2020年 第2辑 VOL.6 NO.2

粮食经济研究

FOOD ECONOMICS RESEARCH

2

2020

经济管理出版社
ECONOMY & MANAGEMENT PUBLISHING HOUSE

粮食经济研究

FOOD ECONOMICS RESEARCH

主 管 单 位：南京财经大学

主 办 单 位：南京财经大学粮食安全与战略研究中心
南京财经大学现代粮食流通与安全协同创新中心

学术委员会主任：朱 晶

编辑委员会主任：程永波

主 编：曹宝明

副 主 编：杨向阳 赵 霞

编 辑 部 主 任：赵 霞（兼）

值 班 编 辑：刘 婷

编辑部地址：南京市鼓楼区铁路北街 128 号南京财经大学 31 号信箱，
邮政编码：210003

编辑部电话：025-83495942，025-83494738

编辑部邮箱：lsjjyjjk@163.com

编辑部网址：http：//cfsss.nufe.edu.cn

粮食经济研究
FOOD ECONOMICS RESEARCH

学术委员会

粮食经济研究
FOOD ECONOMICS RESEARCH

编辑委员会

粮食经济研究

FOOD ECONOMICS RESEARCH

2020 年 6 月出版   2020 年第 2 辑

目　录

粮食经济研究

2020 年第 2 辑　　FOOD ECONOMICS RESEARCH　　Vol. 6　No. 2

贸易摩擦视角下中美大豆期货
市场波动溢出效应分析①

赵　霞[1]　袁洁薇[2]

（1. 南京财经大学　粮食经济研究院，江苏　南京　210003；

2. 南京财经大学　现代粮食流通与安全协同创新中心，江苏　南京　210003）

摘　要： 中国作为美国大豆的主要出口国，中美大豆市场贸易政策变化对中美大豆贸易会产生极大的影响。以中美大豆期货市场作为研究目标分析中美贸易摩擦对中美期货市场波动传导的影响。运用 Copula-DCC-GARCH 等计量模型，通过分析考察贸易摩擦对大豆期货市场的波动溢出特征、波动结构变化和传导方向的影响。研究结论表明：中美大豆期货市场存在波动溢出效应，其强度受重大事件影响显著；中美贸易摩擦对中美大豆期货市场的波动溢出产生断层冲击，导致结构性突变，阻隔效应显著；中美贸易摩擦使中美大豆期货市场之间的波动溢出效应减弱，传导方向也发生变化；中美贸易摩擦虽然部分阻隔了两国大豆期货市场之间的风险传导，但是却因贸易阻隔加剧了大豆期货市场自身的价格波动风险。

关键词： 中美贸易摩擦；大豆期货市场；波动溢出效应；Copula-DCC-GARCH 模型

一、引言

中美贸易摩擦对中美贸易的影响体现在诸多领域（宋宪萍和康萌，2019）。中国作为世界上最大的大豆消费和进口国，每年进口数量占世界大豆贸易总量的 50% 以上。中美贸易摩擦前，中国从美国进口的大豆总量约占中国大豆进口总量的 30%，也是美国大豆产量的 60%。而在 2018 年中美贸易摩擦升级以后，我国从美国进口的大豆数量当年就下降了 49%。作为替代，我国从巴西、阿根廷等拉美国家进口的大豆数量迅速增加。大豆贸易摩擦改变了我国大豆进口贸易格局，这种变化也对我国大豆产业和大豆市场形成冲击。中美贸易摩擦背景下的中美大豆期货市场波动呈现什么特点？市场波动的互动强度呈现什么趋势？中美贸易摩擦对两者之间的互动关系是否存在断层冲击？对这些问题的探讨，有助于我们深入认识中美大豆期货市场的传导机制，同时对防范我国大豆期货市场风险、完善大豆期货市场建设有着重要的现实参考价值。

中美贸易摩擦对期货市场的影响逐步引起学者们的关注。羌建新（2018）认为，虽然

---

① 收稿日期：2020-11-09

基金项目：国家自然科学基金面上项目（71871110）；江苏高校哲学社会科学研究一般项目（2019SJA0265）。

中美贸易摩擦向金融领域蔓延的概率很小，但由于期货与国际贸易具有高度的关联性，中美贸易摩擦对我国大豆等期货市场仍会产生重大影响；贸易摩擦对期货市场波动的影响主要有实体经济传导（Solnik，1974）、心理预期传导（King and Wadhwani，1994）、投机行为传导（Modigliani and Miller，1959）几个途径。中美贸易摩擦对两国金融市场的波动溢出效应具有显著影响，但所持观点存在分歧，如于恩峰（2019）认为中美贸易摩擦恶化了宏观经济，加大中美期货、股票等金融市场之间的波动溢出效应，而孙毅和秦梦（2018）认为，中美政策存在冲突时，中国将有可能争取更多的自主定价权，从而削弱两国之间价格波动的溢出效应。

GARCH 族模型是用来分析市场波动溢出效应的主流方法，可见于诸多文献（李合龙等，2019；曹栋和张佳，2017；胡根华，2019；Amado and Teräsvirta，2017）。有学者根据大豆贸易摩擦发生时间，根据经验划分为两个时间段探讨中美两国大豆期货市场价格的波动溢出效应的变化。时期划分是否合适，极大程度依赖于研究者的主观判断，正因为如此，常常会得到不同的研究结论。程旭（2019）发现，在贸易摩擦前期，仅存在美国大豆期货市场对我国豆粕期货市场单向的波动溢出效应，而在贸易摩擦持续期，中美豆类期货市场的价格波动存在显著的双向波动溢出效应。而戴一爽（2019）认为，中美贸易摩擦发生后，我国大豆期货市场对美国大豆期货市场的波动溢出效应明显增强，而美国大豆期货市场对我国大豆期货市场的波动溢出效应明显减弱。Charfeddine 和 Guegan（2012）认为，波动溢出效应往往存在结构突变现象，导致估算结果存在一定偏差。Chow 检验只能检测单个已知的突变点，Bai 和 Perron（1998）提出的 BP 断点方法能够检测多个未知突变点，是目前普遍使用的结构突变检测方法。大豆期货市场一直受到诸多事件的冲击，为了更好地判断中美贸易摩擦是否对中美贸易存在贸易阻隔，避免人为划分时期的随意性，本文在运用 Copula-DCC-GARCH 模型分析大豆期货市场波动溢出效应的强度变化的基础上，采用 BP 断点方法并辅以 BEKK-GARCH 模型判断大豆贸易摩擦对大豆期货市场波动溢出效应的影响的时效性和传导方向的变化，以期能够为政府和各市场主体应对中美贸易摩擦、防范金融风险提供分析基础和政策决策支持。

二、中美大豆期货市场波动特征

芝加哥期货交易所（Chicago Board of Trade，CBOT）是美国最大的大豆期货交易中心，也是全球最大的大豆期货交易中心，其所经营的大豆期货产品价格，不仅反映了美国国内大豆供需状况，也反映了全球大豆整体供需状况（王倩，2015）。FIA 统计资料显示，2018 年芝加哥期货交易所的大豆期货合约成交量达 5854 万手，居全球大豆期货产品成交量的第一位。大连商品交易所（DCE）是全球最大的非转基因大豆期货交易中心与第二大转基因大豆期货交易中心。FIA 统计资料显示，2018 年我国大连商品交易所的黄大豆二号合约（以转基因大豆为标的物，简称豆 2）成交量为 2448 万手，黄大豆一号合约（以非转基因大豆为标的物，简称豆 1）成交量为 2211 万手，分别居全球大豆期货成交量的第二、第三位。因此，本文参照孙青晖（2011）、安志霞（2013）等的做法，选择美国芝加哥期货交易所（CBOT）的大豆期货合约代表美国大豆期货市场价格，选择我国大连商品交易所（DCE）的豆 1 和豆 2 合约分别代表我国大豆期货市场的非转基因大豆和转基因大豆的市场价格。

（一）中美大豆期货市场价格波动具有关联性

价格收益率是反映期货资产价格波动的常用计算方法（闫桂权等，2019；赵霞等，2016），本文也采用同样的方法表示大豆期货市场的价格波动。具体如下：

$$R_t = (\ln P_t - \ln P_{t-1}) \times 100 \qquad\qquad (1)$$

其中，R_t 表示大豆期货价格的对数收益率，P_t、P_{t-1} 分别表示当日及前一交易日的大豆期货价格。本文选取 2011 年 9 月 6 日至 2019 年 8 月 2 日期间中美大豆期货市场的价格数据，分别计算中美两国大豆期货市场的价格收益率，对两者进行相关性分析，以此判断中美大豆期货市场价格波动之间的相互联系。

相关性分析结果如表 1 所示，中美大豆期货市场的价格收益率在 1% 的置信水平下具有显著相关性，但不同大豆期货品种间的相关性略有不同。比较各组大豆期货品种间的相关系数值可知，一方面，DCE 豆 1 与 CBOT 大豆价格收益率之间的相关性强于 DCE 豆 2 与 CBOT 大豆价格收益率之间的相关性，这与其期货品种的标的物有很大关系。DCE 豆 1 合约以非转基因大豆为标的物，DCE 豆 2 合约与 CBOT 大豆合约均以转基因大豆为标的物，而我国生产的大豆均为非转基因大豆，国内大豆采购商如果想要购买转基因大豆，通常会选择在 CBOT 直接进行交易，导致 DCE 豆 2 合约与 CBOT 大豆合约价格波动的相关性较弱。另一方面，我国作为全球最大的非转基因大豆生产国与交易市场，DCE 豆 1 合约与作为全球大豆定价基准中心的 CBOT 大豆期货合约价格波动的相关性则更高。

表 1　中美大豆期货市场价格波动的相关性分析

	R_{CBOT}	R_{DCE1}	R_{DCE2}
R_{CBOT}	1. 0000 —		
R_{DCE1}	0. 1914 *** （8. 4016）	1. 0000 —	
R_{DCE2}	0. 0902 *** （3. 9041）	0. 3101 *** （14. 0570）	1. 0000 —

注：中美大豆期货市场价格数据来源于 Wind 数据库，人民币兑美元汇率数据来源于中国人民银行网站公布的汇率中间价。为消除汇率变化的影响，将两市场的价格统一为人民币。R_{CBOT}、R_{DCE1}、R_{DCE2} 分别表示 CBOT 大豆、DCE 豆 1、DCE 豆 2 的价格收益率，*、**、***分别表示该相关系数在 10%、5%、1% 的置信水平下显著，括号内为 t 值。

（二）中美大豆期货市场价格波动具有阶段性

图 1 给出了中美大豆期货市场价格波动图，可以直观看出，中美两国大豆期货市场价格受突发事件的影响较大，其价格波动具有阶段性特征，例如，2008 年金融危机和 2016 年厄尔尼诺现象对中美两国大豆期货市场产生了巨大冲击，进而明显改变其价格的波动状态。对美国大豆期货市场而言，其价格在 2011 年末至 2013 年中、2014 年初至 2014 年末、2016 年初至 2016 年末、2018 年初至 2018 年末出现过四次较大波动，根据这些波动特征，美国大豆期货市场的价格波动可分四个阶段：第一阶段为 2011 年末至 2013 年中，此时正

处于国际金融危机过后各国经济的恢复时期，大豆期货市场行情看好，加上 2011 年 12 月南美地区遭遇旱情威胁，巴西和阿根廷等大豆主产国的产量大幅下降，推动美国大豆期货市场价格快速波动上升，2012 年 8 月美国大豆期货市场价格达到峰值，之后市场价格又快速波动回调；第二阶段为 2013 年末至 2016 年初，2013 年末美国大豆期货价格不断上行，这与 2012 年 6 月美国遭遇持续干旱所导致的大豆减产有关，但随着旱情的缓解，大豆预期产量看好，因此，在 2014 年中期美国大豆期货市场价格又快速回落，之后市场价格一直在 900~1000 美分/蒲式耳的低区位内持续波动；第三阶段为 2016 年末至 2018 年初，受 2015 年开始的厄尔尼诺恶劣天气的影响，全球大豆产量预期充满不确定性，导致美国大豆期货市场价格快速上升，但 2017 年之后恶劣天气程度逐渐减弱，美国大豆期货市场价格又迅速回落；第四阶段为 2018 年初至 2019 年末，2018 年 4 月中美贸易摩擦突然升级，中美双方互征关税引起美国大豆生产者的普遍担忧，美国大豆期货市场价格迅速下跌，并在 2018 年 6 月跌破 900 美分/蒲式耳，达到 2016 年 3 月以来的最低线，其后美国大豆市场价格一直在低位震荡。

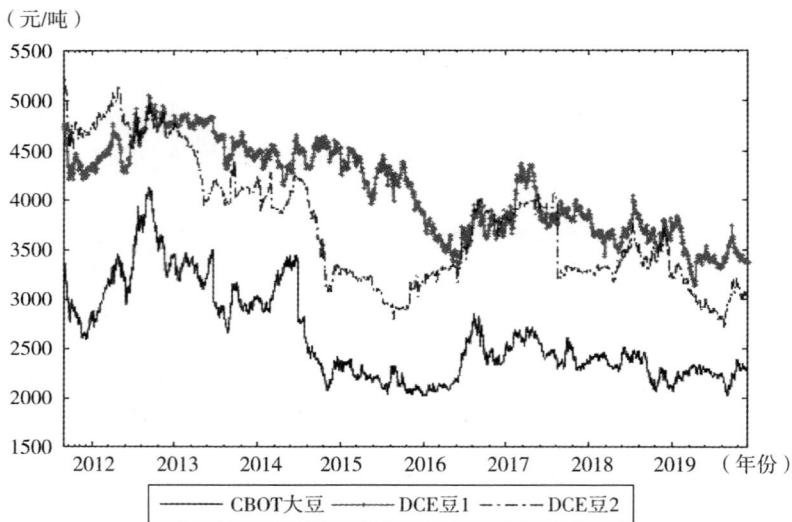

图 1 中美大豆期货市场价格波动

资料来源：Wind 数据库，通过人民币兑美元的汇率中间价统一价格单位。

对中国大豆期货市场而言，虽然中国和美国大豆期货市场具有一定的独立性，但由于中美之间经贸联系的加强，中美两国大豆期货市场价格波动存在极为相似的波动特征，上述重大国际突发事件或自然灾害会同时在两国大豆期货市场的价格波动上反映出来。其中，需要特别注意的是，由于中美大豆贸易品种多为转基因大豆，近年来中国消费者对转基因食品较为敏感，因此我国大豆期货市场上豆 1 合约和豆 2 合约的价格波动出现了较多的偏离，尤其是在 2013 年发生了转基因质疑事件，导致豆 2 合约价格迅速下降，而豆 1 合约价格则在高位持续震荡。当然，两者的趋势偏离也受到两种合约交易规则差异的影响，但随着 2017 年我国基于转基因大豆期货的交易特征对豆 2 合约的内容及规则进行调整，豆 2 合约的市场流动性得到提高，与国际大豆期货市场的联动性也大幅提升，因此，这种偏离趋势逐步减小。

三、贸易摩擦对中美大豆期货市场波动溢出的影响途径

根据已有文献，期货市场波动传导途径主要包括市场供需、市场政策和国际贸易等实体经济因素以及套利投机、风险分散和心理预期等虚拟市场因素。图 2 描述了中美大豆期货市场的波动溢出影响途径。贸易摩擦则通过作用于这些因素对中美大豆期货市场的价格互动产生影响。

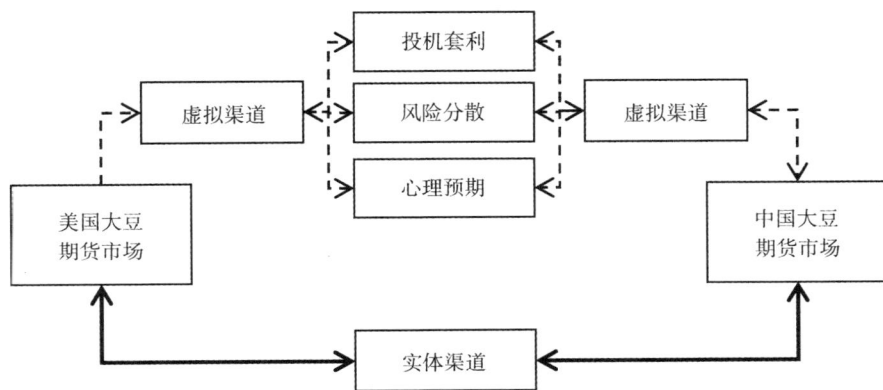

图 2　大豆期货市场价格互动的传导机制

（一）贸易传导途径

期货市场是实体市场的反映，实体市场是期货市场的中心，实体因素的变化必然会引起期货市场的价格波动，反过来，期货市场的价格波动也会影响实体因素的变化。因此，一国大豆期货市场的价格波动会通过实体因素的变化和期货市场的内部联系共同作用，进而传导至另一个国家的大豆期货市场，这些实体因素主要包括市场供给、市场需求、产业政策和贸易政策等。例如，当美国大豆期货市场价格下降时，美国现货市场的价格也会出现下降，倘若贸易渠道畅通，这种现货价格波动就会传递到中国现货市场，进而引起中国期货市场价格的下降。由于我国是全球最大的大豆消费国，并且大豆的国内供给高度依赖于国际市场，每年进口的大豆数量占到国内消费总量的 80% 以上，这种供需状况决定了中美两国大豆期货市场之间实体因素的传导尤为明显。

（二）资金传导途径

国际游资最显著的特点是流动性强，市场上的任何风吹草动都会引起资金的流动，从而引起市场价格的巨大波动。中美贸易摩擦的升级导致中美大豆期货市场价格的大幅振荡，随着市场忧虑持续加剧，中国对美豆的需求前景愈发悲观，导致美豆期价快速下跌，例如，在中美双方互征关税的两周之后，2018 年 7 月 19 日芝加哥期货交易所的大豆期货价格一天之内就下跌了 3.7%，创下 2016 年 3 月以来的最低价格。但是，与美国大豆期货

市场表现恰恰相反的是，中国国内大豆期货市场价格没有像往常一样随之下降，而是大幅度上升。这种上升既有如前所述因贸易环境的变化引起的供求因素的影响，但同时也有国际游资因素的影响。值得注意的是，国际游资传导渠道在 2018 年上半年中美贸易摩擦升级前后的表现是有所不同的。贸易升级之前，美国大豆期货市场价格下跌所引起的国际游资变化，可能更多的是向其他金融市场转移，而贸易摩擦升级之后，这种游资变化变得十分不确定，一方面，根据套利定律，国际游资倾向于向中国移动从而支撑中国大豆期货市场价格的上升；另一方面，由于中美贸易摩擦可能对两国经贸及金融关系产生实质性的壁垒，从而增加国际游资的顾虑。

（三）预期传导途径

市场预期是虚拟市场价格波动最重要的因素，作为影响中美经贸关系的重大事件，中美贸易摩擦必然会对市场预期产生全面而深刻的影响。实际上，自从 2018 年 7 月 6 日中美贸易战正式打响之后，包括中美大豆期货市场在内的各个虚拟市场均爆发了较大规模的波动，各大机构也都纷纷下调了世界经济增长的预期值，世界银行将 2018~2020 年世界贸易增长预期下调 0.5 个百分点，经济合作与发展组织将 2019 年世界经济增长预期下调 0.2 个百分点，从目前的情况来看，实际的影响可能还要超过各大机构的预期值。市场信心的巨大震动必将对中美大豆市场产生巨大影响。特别是，中美贸易摩擦的影响会通过美国大豆期货市场的影响而放大这种市场情绪，进而对全球产生影响，其中，包括对中国大豆期货市场价格的影响。

综上，提出如下研究假说：

假说 1：中美大豆期货市场波动溢出效应的强度受重大事件影响显著。中美之间高度依存的大豆贸易使两国大豆期货市场具有极其紧密的关联性，一个市场的价格波动会通过实体经济因素和虚拟市场因素传导至另一个市场，且任何与大豆市场相关的因素变化都会影响中美大豆期货市场之间的波动溢出效应，导致其波动溢出效应的强度处于不断变化之中。

假说 2：中美贸易摩擦对中美大豆期货市场的波动溢出机制产生断层冲击，导致其波动溢出效应发生结构性突变。虽然中美大豆期货市场之间由于高度依存的大豆贸易而存在显著的波动溢出效应，但中美贸易摩擦突然升级后，尤其是当贸易传导途径受到重大冲击时，其波动溢出效应很可能发生结构性突变。

假说 3：中美贸易摩擦使中美大豆期货市场之间的波动溢出效应减弱，传导方向发生变化。在中美贸易摩擦背景下，两国之间的贸易传导途径被大幅削弱，波动溢出效应的强度降低，但贸易摩擦也促使中国在积极开拓大豆供给渠道的同时，不断完善自身农产品期货市场建设，使其在国际大豆市场中的影响力有所提升，中美大豆期货市场之间波动溢出的传导方向可能发生变化。

四、中美大豆期货市场波动溢出效应

（一）数据来源与处理

本文选取美国芝加哥期货交易所（CBOT）的大豆期货合约价格表示美国大豆期货市

场价格，选取中国大连商品交易所（DCE）的豆 1 和豆 2 合约分别表示中国非转基因和转基因大豆的期货市场价格，样本的时间区间为 2011 年 9 月 6 日至 2019 年 8 月 2 日。中美大豆期货市场同时存在 1 月、3 月、5 月、7 月、9 月和 11 月交割的大豆合约，这些合约在同一天中又有开盘、收盘及结算等多种价格，考虑到近月合约交易成本高、流动性差（赵玉，2010），且收盘价不仅是当日市场价格的代表，也是下一交易日的开盘依据，因此，选择大豆成交量和持仓量最大的活跃合约收盘价为研究对象。数据来源于 Wind 金融数据库，中国大豆期货市场的价格单位为元/吨，美国大豆期货市场的价格单位为美分/蒲式耳，采用 1 吨大豆 = 36.90 蒲式耳的国际标准，以及中国人民银行网站的人民币兑美元的汇率中间价，将美国大豆期货市场的计价单位换算为和中国大豆期货市场价格相同的单位（元/吨）。此外，为使中美两国大豆期货价格具有可比性，将两国因为节假日差异导致的不匹配数据删除。采用式（1）的计算方法，获得 DCE 豆 1、DCE 豆 2 和 CBOT 大豆期货的三组价格收益率序列，每组序列分别有 1859 个数据。

记 DCE 豆 1、DCE 豆 2 和 CBOT 大豆的价格收益率序列分别为 R_{DCE1}、R_{DCE2}、R_{CBOT}，三组数据的描述性统计分析结果如表 2 所示，ADF 单位根检验显示三组价格收益率均为平稳序列，峰度值显示三组价格收益率均具有尖峰厚尾的分布特征，JB 统计量表明三组价格收益率均在 1%的显著性水平上拒绝了正态分布的假设，在单个市场价格波动的模型选择中使用 t 分布进行拟合。

表 2　描述性统计分析结果

	ADF	均值	最大值	最小值	标准差	偏度	峰度	JB 统计量
R_{CBOT}	−44.2762***	−0.0232	5.2028	−20.1854	1.4250	−2.2812	33.3017	72734.20***
R_{DCE1}	−42.6909***	−0.0184	6.9120	−5.1159	0.9877	0.4429	7.8666	1895.261***
R_{DCE2}	−44.8630***	−0.2667	5.8269	−20.5121	1.1286	−3.7686	68.1461	333134.7***

注：*、**、***分别表示时间序列在 10%、5%、1%的置信水平下显著。

（二）模型构建

波动溢出强度的分析方法主要有相关性分析、VAR 模型、GARCH 模型等。相关性分析是通过比较各组价格收益率之间相关系数的显著性及大小来判断波动溢出的强弱程度，但该方法并不能体现出波动溢出强度在时间上的变化；VAR 模型则侧重于度量金融市场的风险传染；GARCH 模型是通过比较两个市场价格收益率方差的波动特征来判断两个市场之间的关联程度，该关联程度的大小即表示了波动溢出效应的强度，这也是目前检验波动溢出强度的常用方法。在 GARCH 族模型中，常用的度量波动溢出强度的方法是 DCC-GARCH 模型，但近年来 Copula-DCC-GARCH 模型的应用越来越广泛。DCC-GARCH 模型可以很好地度量市场间的动态关联性，但不能刻画之间的联合分布；Copula-DCC-GARCH 模型是基于 DCC-GARCH 模型发展起来的，不仅具有 DCC-GARCH 模型的已有优势，而且还具有将边缘分布与联合分布相结合的优势，这是由于 Copula 模型在本质上是一个连接函数，它能将不同形式的边缘分布连接起来，形成一个有效的多元分布（黄蕙萍等，2014）。本文选择 Copula-DCC-GARCH 模型分析中美大豆期货市场间的波动溢出强度

（Kim and Jung，2018），以期得到中美大豆期货市场的动态关联度，而该动态关联度的数值变化，即反映了中美大豆期货市场波动溢出效应的强度变化。

Copula-DCC-GARCH 模型的基础是 DCC-GARCH 模型，DCC-GARCH 模型的基本形式为：

$$Y_t = AX_t + \varepsilon_t \tag{2}$$

$Y_t = (Y_{1t} Y_{2t})'$ 表示中美两国大豆期货市场的价格收益率，A 表示 $2 \times k$ 为待估系数矩阵，X_t 表示 $k \times 1$ 为解释变量，它可能包含被解释变量 R_t 的滞后项，记扰动项 ε_t 的条件协方差矩阵为 H_t：

$$H_t = \mathrm{Var}\begin{pmatrix} \varepsilon_{1,t} \\ \varepsilon_{2,t} \end{pmatrix} = \begin{pmatrix} \sigma_{11}^2 \sigma_{12}^2 \\ \sigma_{21}^2 \sigma_{22}^2 \end{pmatrix} \tag{3}$$

条件协方差矩阵为 H_t 满足下列条件：

$$H_t = D_t^{1/2} R_t D_t^{1/2} \tag{4}$$

D_t 为随时间变动的条件方差对角矩阵，主对角线上的每个元素 $\sigma_{ii,t}^2$ 均服从一个单变量 GARCH 模型：

$$\sigma_{ii,t}^2 = \omega_i + \sum_{i=1}^{pi} \alpha_j \varphi_{i,t-j}^2 + \sum_{j=1}^{qt} \beta_j \sigma_{i,t-j}^2 \tag{5}$$

其对数似然函数为：

$$L = -\frac{1}{2} \sum_{t=1}^{T} [k\ln(2\pi) + \ln(|D_t| + \ln|R_t|) + \tilde{\varepsilon}_{i,t} R_t^{-1} \tilde{\varepsilon}_{i,t}] \tag{6}$$

$\tilde{\varepsilon}_{i,t-s}$ 表示标准化残差，R_t 表示时变相关系数矩阵，矩阵中 $\rho_{ij,t}$ 用标准化残差的几何加权平均值来决定，用 λ^s 表示几何权重，相关系数的表达式为：

$$\rho_{ij,t} = \frac{\sum_{s=1}^{t-1} \lambda^s \tilde{\varepsilon}_{i,t-s} \tilde{\varepsilon}_{j,t-s}}{\sqrt{\sum_{s=1}^{t-1} \lambda^s \tilde{\varepsilon}^2_{i,t-2}} \sqrt{\sum_{s=1}^{t-1} \lambda^s \tilde{\varepsilon}^2_{j,t-2}}} \tag{7}$$

矩阵形式的 R_t 表示如下：

$$R_t = \mathrm{diag} Q_t^{-1/2} Q_t \mathrm{diag} Q_t^{-1/2} \tag{8}$$

$$Q_t = (1 - \lambda_1 - \lambda_2) R + \lambda_1 \tilde{\varepsilon}_{t-1} (\tilde{\varepsilon}_{t-1})' + \lambda_2 Q_{t-1} \tag{9}$$

Q_t 表示协方差矩阵，λ_1 表示 $t-1$ 期残差平方项系数，λ_2 表示 $t-1$ 期条件方差系数，λ_1 和 λ_2 均表示非负参数，满足约束条件：$0 \leqslant \lambda_1 + \lambda_2 < 1$。

基于上述 DCC-GARCH 模型动态关联度的计算方法，Copula-DCC-GARCH 模型的估计过程分为如下两步：

第一步，由式（4）的 GARCH 模型估计单个大豆期货市场的价格波动特征，计算标准化残差 $\tilde{\varepsilon}_{i,t}$，得到其边际分布函数 $F_i(\tilde{\varepsilon}_{i,t})$，令 $u_{i,t} = F_i(\tilde{\varepsilon}_{i,t})$。

第二步，估计 Copula-DCC-GARCH 模型的相关参数，根据 Sklar 定理可知存在一个 Copula 函数 C（·）满足式（9），使用极大似然法估计出该模型的相关参数后，基于 Copula 函数运用式（7）计算出两个市场价格波动的动态关联系数。

$$F(\tilde{\varepsilon}_{1, t}, \tilde{\varepsilon}_{2, t}) = C(u_{1, t}, u_{2, t}) \tag{10}$$

根据表 2 可知，中美大豆期货市场的价格收益率具有尖峰厚尾的非正态分布特征，GARCH（1，1）-t 模型能够很好地拟合金融市场价格收益率的厚尾分布，选择 GARCH（1，1）-t 作为 Copula-DCC-GARCH 模型中单个大豆期货市场价格收益率的分布模型，模型设定如下：

$$R_t = c_0 + c_1 R_{t-1} + \varepsilon_t \tag{11}$$

$$\varepsilon_t = \sigma_t \zeta_t, \ \sqrt{\frac{\lambda}{\lambda - 2}} \zeta_t \sim t(\lambda) \tag{12}$$

$$\sigma_t^2 = \omega + \alpha \varepsilon_{t-1}^2 + \beta \sigma_{t-1}^2 \tag{13}$$

式（11）是单个大豆期货市场价格收益率 R_t 的均值方程，表示当期价格收益率主要受常数项 c_0、上期价格收益率 R_{t-1} 及扰动项 ε_t 的影响；式（12）为扰动项的生成过程，σ_t^2 为条件方差，ζ_t 服从自由度为 λ 的 t 分布；式（13）为条件方差方程，表示当期条件方差受上期扰动项平方 ε_{t-1}^2 及上期条件方差 σ_{t-1}^2 的影响，为保证序列平稳，要求 $\alpha + \beta < 1$。

在确定恰当的单变量拟合函数之后，Copula-DCC-GARCH 估计的第二步是选择合适的连接函数，二元 Copula 的连接函数有 Gaussian-Copula、t-Copula、Gumbel-Copula、Clayton-Copula 和 Frank-Copula 等。其中，Gaussian-Copula 函数和 t-Copula 函数具有对称的尾部，但 t-Copula 函数的尾部较厚，出现极端值的情形多于二元正态分布；Gumbel-Copula 函数对上尾部的变化十分敏感，适用于经济行情较好时的相关性分析；Clayton-Copula 函数对下尾部的变化较为敏感，适用于经济形势较差时的相关性分析；Frank-Copula 函数适用于描述对称性结构样本，但其对上下尾相关性变化都不敏感。实践中通常使用的是 Gaussian-Copula 和 t-Copula，但函数的最终选择仍需依据 AIC 信息准则来确定。

（三）估计结果

Copula-DCC-GARCH 模型的参数估计分为两步：第一步是估计中美两国单个大豆期货市场价格波动的边缘分布；第二步是选择一个合适的 Copula 函数描述中美两国大豆期货市场之间价格波动的联合分布。

边缘分布的参数估计结果见表 3，中美大豆期货市场的 λ 项系数均在 1% 的置信水平下显著，且 $\alpha + \beta < 1$，表明 GARCH（1，1）-t 模型能够较好地拟合中美大豆期货市场的价格波动特征。

表 3　边缘分布的参数估计结果

	CBOT 大豆	DCE 豆 1	DCE 豆 2
c_0	−0.0061（−0.0961）	−0.0258 *（−1.6839）	−0.0064（−0.6368）
c_1	−0.0359 *（−1.5091）	−0.0258（−1.2609）	−0.0756 ***（−3.7052）
ω	0.0472 ***（2.7932）	0.0101 *（1.9047）	0.2137 ***（3.0004）
α	0.0409 ***（2.9048）	0.0514 ***（4.0873）	0.4939 ***（7.8770）
β	0.9324 ***（50.2763）	0.9486 ***（85.8074）	0.5061 ***（7.8390）
λ	4.7001 ***（7.5395）	3.1141 ***（13.7270）	2.4639 ***（42.0681）

注：*、**、***分别表示时间序列在 10%、5%、1% 置信水平下显著。

在确定恰当的边缘分布函数后，Copula-DCC-GARCH 模型估计的第二步是选择合适的联合分布函数。观察中美大豆期货市场边缘分布的散点图（见图 3）可知，两者具有对称的尾部分布特征，而 Gaussian-Copula 和 t-Copula 函数都适用于描述尾部对称的样本结构，因此，将 Gaussian-Copula 和 t-Copula 作为主要的备选函数，并依据 AIC 信息准则（如表 4 所示）最终确定 t-Copula 为连接函数。

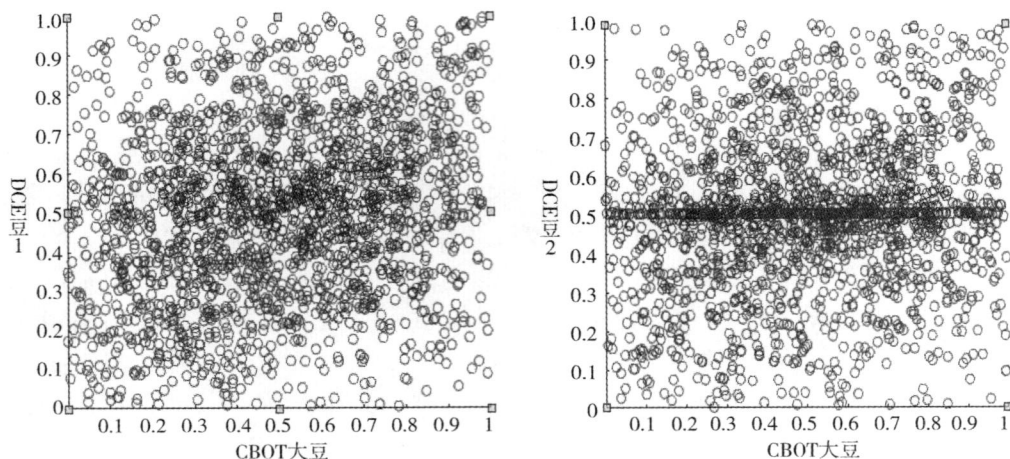

图 3　边缘分布的散点图

表 4　不同联合分布的 AIC 值

		Gaussian	Studen-t	Frank	Clayton	SJC
CBOT 与豆 1	Log	48.6650	83.5505	35.1466	51.0336	81.1644
	AIC	-93.3301	-161.1010	-79.1240	-96.0672	-150.3289
	BIC	-82.2745	-144.5176	-63.4112	-79.4839	-117.1621
CBOT 与豆 2	Log	21.8366	57.6693	18.4512	27.0236	51.0773
	AIC	-39.6732	-109.3387	-25.3611	-48.0742	-90.1546
	BIC	-28.6176	-92.7553	-15.4628	-31.4936	-56.9878

联合分布的参数估计见表 5，结果表明中美大豆期货市场之间存在显著的波动溢出效应，且 λ、λ_1、λ_2 均在 1% 水平上显著，$\lambda_1 + \lambda_2 < 1$，Copula-DCC-GARCH 模型的拟合度较好。其中，λ 的估计值均显著异于零，表明中美大豆期货市场的价格波动具有很强的关联性；λ_1 的估计值接近于零，说明上期价格收益率的冲击对本期关联度的冲击较小；λ_2 的估计值显著异于零，且接近于 1，说明中美大豆期货市场之间价格波动的关联性具有很强的持续性特征。

表 5　Copula-DCC-GARCH 模型估计结果

	CBOT 大豆与 DCE 豆 1	CBOT 大豆与 DCE 豆 2
λ	2.9970 *** （6.8940）	2.9657 *** （7.4001）
λ_1	0.0135 *** （4.5133）	0.0189 *** （5.8696）
λ_2	0.9865 *** （4106466.5943）	0.9810 *** （1273802.2694）

注：＊、＊＊、＊＊＊分别表示时间序列在 10%、5%、1%置信水平下显著。

Copula-DCC-GARCH 模型的所有参数估计完毕后，就可以计算中美大豆期货市场价格波动之间的动态关联系数，由于市场关联性是波动溢出存在的基础，因此，动态关联系数的变化即反映了中美两国大豆期货市场波动溢出效应的强度变化，为了更方便观察该波动溢出效应的强度变化，图 4 给出了动态相关系数随时间变化的趋势图，从中可以发现：

（1）中美大豆期货市场波动溢出效应的强度在个别区间内发生跳跃。中美大豆期货市场的动态关联系数在 2012 年末至 2014 年初、2016 年中至 2016 年末、2018 年初至 2019 年中的几个区间内明显偏离了其均值，在这些时间段内，分别发生了诸如转基因质疑事件、厄尔尼诺现象和中美贸易摩擦等与大豆市场相关的重大事件，这些事件对中美大豆期货市场的波动溢出效应产生了一定的影响，使其强度发生变化，可以观察到，2018 年上半年中美贸易摩擦升级后，中美大豆期货市场波动溢出效应的强度出现了断崖式下降。

（2）豆 2 与 CBOT 大豆的波动溢出强度较豆 1 与 CBOT 大豆弱。豆 1、豆 2 与 CBOT 大豆波动溢出强度的变化趋势大致相同，但在变化程度上略有不同，豆 2 与 CBOT 大豆的动态关联系数均值小于豆 1 与 CBOT 大豆的均值，表明豆 2 与 CBOT 大豆的波动溢出强度较豆 1 与 CBOT 大豆弱，但其波动溢出效应强度的变化程度则更为剧烈。

由此验证了本文提出的研究假说 1。

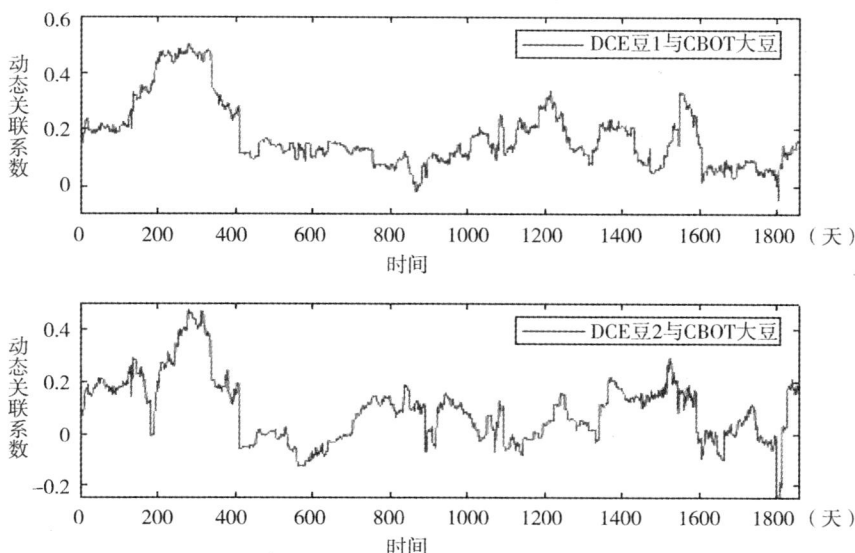

图 4　中美大豆期货市场波动溢出效应的强度变化

五、中美贸易摩擦对中美贸易的阻隔效应

中美大豆期货市场之间波动溢出效应的强度在个别时点发生了跳跃，这种现象在 2014 年初、2018 年中表现得较为突出，多个未知突变点的存在意味着可能存在阻隔效应，且很可能中美大豆期货市场波动溢出效应发生了质的变化，波动传导机制及传导方向都可能发生较大改变。首先，通过 BP 断点方法检测中美大豆期货市场波动溢出效应可能存在的结构突变点；其次，通过 BEKK-GARCH 模型分析突变点前后波动溢出的传导方向变化。

（一）中美大豆期货市场的波动溢出效应存在结构突变现象

BP 断点方法检测步骤包括两步：一是检验中美大豆期货市场的波动溢出效应是否存在结构突变，原假设为中美大豆期货市场的波动溢出效应不存在结构突变点，否则假设为该波动溢出效应有不超过 m 个突变点的存在；二是在检测出 m 个突变点的基础上，检验上述子样本区间内是否存在突变点，如果存在，重复以上过程，直到检测不出结构突变点为止，最后使用最小化信息准则确定突变点的数目。

结构突变点的检测结果见表 6，可知中美大豆期货市场的波动溢出效应在 2011 年 9 月 6 日至 2019 年 8 月 2 日期间，共存在五个明显的结构突变点，且不同品种之间波动溢出效应的突变时点位置相对一致，对这些结构突变点附近与大豆市场相关的事件进行罗列，分析发现中美大豆期货市场波动溢出效应的结构突变均与一些重大事件相关联（见表 7）。

表 6　中美大豆期货市场波动溢出效应的突变点检测

CBOT 大豆与 DCE 豆 1			CBOT 大豆与 DCE 豆 2		
序号	变点位置	时间	序号	变点位置	时间
1	411	2013/6/17	1	411	2013/6/17
2	733	2014/10/27	2	706	2014/9/11
3	1011	2015/12/30	3	1011	2015/12/30
4	1289	2017/3/10	4	1305	2017/4/5
5	1583	2018/6/5	5	1583	2018/6/5

表 7　与突变点相关的重大事件

序号	突变点发生时间	相关事件
1	2013 年中期	崔永元公开质疑转基因大豆的安全性
2	2014 年下半年	大连商品交易所启动大豆期货的夜盘交易制度
3	2015 年末	全球大豆主产国巴西、阿根廷遭遇恶劣天气
4	2017 年上半年	中国大豆产业政策由目标价格政策调整为市场化收购加补贴制度
5	2018 年中期	中美贸易摩擦升级，中方对美产大豆采取加征 25%关税的反制措施

注：本文将每年 1 月划分为年初，6 月划分为年中，12 月划分为年末，1~6 月期间为上半年，7~12 月期间为下半年。

由此，验证了本文所提出的研究假说 2。

（二）中美大豆期货市场波动溢出效应的传导方向发生变化

BEKK-GARCH 模型可以检验波动溢出效应的传导方向，本文使用该方法对中美大豆期货市场结构突变点前后的传导方向进行验证。传导方向的检验结果见表 8 和表 9，结合波动溢出效应的强度分析，可以发现在上述重大事件的冲击下，中美大豆期货市场波动溢出效应的强度和传导方向发生变化：

（1）2013 年下半年发生崔永元质疑转基因大豆事件后，中国消费者开始注重转基因食品的安全性，对国产非转基因大豆的需求偏好增加，对进口转基因大豆的需求量下降，中美大豆期货市场波动溢出的贸易传导渠道削弱，导致波动溢出效应的强度降低，尤其是以转基因大豆为标的物的 DCE 豆 2 与 CBOT 大豆，其波动溢出方向由美国向中国的传导一度变为中国向美国的传导。

（2）2014 年 7 月，中国开始试点大豆期货的夜盘交易制度，2014 年 12 月 16 日该交易制度正式启用，夜盘交易制度有效解决了中美大豆期货市场的交易时差问题，使中美两国大豆期货市场间的套利投机成为可能，畅通了中美大豆期货市场之间波动溢出的资金传导渠道，中国对美国大豆期货市场的波动溢出效应增强，这与王柏杰和李爱文（2016）的研究结果一致。

（3）2015~2016 年，全球厄尔尼诺现象不断加剧，大豆主产国巴西遭遇严重干旱，阿根廷遭遇连续暴雨，全球大豆产量预期下降，大豆期货投资者的心理预期发生变化，进而影响中美大豆期货市场之间波动溢出的预期传导渠道，导致其波动溢出的传导方向发生改变，这也与吴航宗（2017）的研究结果一致。

（4）2017 年 3 月，国家发改委发布消息将在东北三省和内蒙古自治区调整大豆目标价格政策，实行市场化收购加补贴机制，这一举措使我国大豆的定价机制更加合理，大豆期货市场更为活跃，以 DCE 豆 1 为代表的非转基因大豆的国际影响力不断增强，DCE 豆 1 与 CBOT 大豆的波动溢出效应由原来的 CBOT 大豆向 DCE 豆 1 的单向传导转变为双向传导。

（5）2018 年 4 月中美贸易摩擦升级，中国宣布将对美国进口大豆加征 25% 的关税，不仅使中美大豆期货市场之间的贸易传导渠道受阻，而且对市场投资者的心理预期产生巨大冲击，导致中美大豆期货市场波动溢出强度大幅减弱，DCE 豆 1 与 CBOT 大豆的传导方向由原来的双向传导转变为 DCE 豆 1 向 CBOT 大豆的单向传导，但 DCE 豆 2 与 CBOT 大豆的传导方向并未发生变化。

由此验证了本文提出的研究假说 3。

表 8　CBOT 大豆与 DCE 豆 1 波动溢出效应的传导方向

阶段	b_{12} 估计值	b_{21} 估计值	传导方向	强度
2011/9/6–2013/6/17	0. 2402 * （1. 6804）	0. 2422 ** （2. 1203）	双向传导	0. 3297
2013/6/18–2014/10/27	−0. 0727 * （−1. 7815）	0. 7190 *** （7. 3329）	双向传导	0. 1317
2014/10/28–2015/12/30	1. 8750 *** （7. 7436）	0. 0005 （0. 00501）	中国向美国	0. 0881
2015/12/31–2017/3/10	−0. 0410 （−0. 3291）	0. 2103 *** （−5. 4482）	美国向中国	0. 1976

续表

阶段	b₁₂估计值	b₂₁估计值	传导方向	强度
2017/3/11-2018/6/5	0.4593 *** (7.6691)	-0.5735 *** (-3.835)	双向传导	0.1653
2018/6/6-2019/9/2	0.1690 * (1.9020)	-0.1124 (-0.7567)	中国向美国	0.0832

注：b_{12}、b_{21}为 BEKK-GARCH 模型的 GARCH 项估计参数，*、**、***分别表示时间序列在 10%、5%、1%置信水平下显著，括号内为 t 值；波动溢出效应的强度采用每阶段的动态关联系数平均值来表示。

表 9　CBOT 大豆与 DCE 豆 2 波动溢出效应的传导方向

阶段	b₁₂估计值	b₂₁估计值	传导方向	强度
2011/9/6-2013/6/17	-0.0200 (-0.3378)	0.0044 *** (3.4287)	美国向中国	0.2352
2013/6/18-2014/9/11	0.3042 *** (-6.2861)	-0.0606 (-0.7233)	中国向美国	-0.0408
2014/9/12-2015/12/30	-0.7368 *** (-4.1724)	0.0103 (0.6609)	中国向美国	0.0969
2015/12/31-2017/4/5	0.0958 (1.1065)	-0.0362 (-0.4776)	美国向中国	0.0250
2017/4/6-2018/6/5	-0.0150 (-0.7568)	0.0889 ** (1.9603)	美国向中国	0.1379
2018/6/6-2019/9/2	-0.0132 (-0.2302)	0.1339 *** (3.1906)	美国向中国	0.0135

注：b_{12}、b_{21}为 BEKK-GARCH 模型的 GARCH 项估计参数，*、**、***分别表示时间序列在 10%、5%、1%置信水平下显著，括号内为 t 值；波动溢出效应的强度采用每阶段的动态关联系数平均值来表示。

（三）中美贸易摩擦对中美大豆期货市场波动溢出影响的阻隔表现

通过前述理论分析可知，中美贸易摩擦主要通过贸易传导渠道、资金传导渠道和预期传导渠道影响中美大豆期货市场的波动溢出效应，其中，尤以贸易传导渠道的影响最大。虽然此次中美贸易摩擦的发端可以追溯到 2017 年 8 月，但当时的贸易争端并未涉及大豆等农产品领域，对中美大豆期货市场的影响并未显现，直至 2018 年 4 月 3 日，美国突然宣布将对中国商品加征 25% 的关税，中国实行了对等反制措施，其中就包括将对原产于美国的黄大豆加征 25% 的进口关税，中美贸易摩擦的影响才开始延伸至两国大豆期货市场。

首先，这一消息对期货投资者的心理预期产生巨大冲击，但当时距离 2018 年 7 月 6 日正式加征关税时点尚有一段时间，加上即将在 5 月举行的中美贸易磋商，市场对中美贸易摩擦的走向仍处于观望状态，因此，两国大豆期货市场的波动溢出效应并未立即发生结构性的变化。直至 6 月初，中美经贸磋商未取得实质性进展，市场对加征关税的心理预期不断强化，中美大豆期货市场波动溢出的资金传导渠道和预期传导渠道均发生巨大变化，上述突变点分析验证了这一点。

其次，2018 年 7 月 6 日美国对中国商品正式加征关税，中国于同日采取对等反制措施，美豆关税的提高直接导致中美大豆期货市场波动溢出的贸易传导渠道受阻，这也是中美大豆期货市场之间价格波动传导的最重要渠道，意味着两个市场价格波动的联动性将大幅降低，美国对中国的波动溢出效应也会随之减弱，上述波动溢出的强度分析验证了这一点。

中美大豆贸易受阻也促使中国在开拓大豆供给渠道的同时，积极完善国内的农产品市场建设，使中国在国际大豆期货市场的影响力有所提升，中美大豆期货市场波动溢出效应的传导方向发生变化，DCE 豆 1 与 CBOT 大豆的传导方向由原来的双向传导转变为 DCE 豆 1 向 CBOT 大豆的单向传导，但由于我国大豆采购商的交易机制，DCE 豆 2 与 CBOT 大豆波动溢出的传导方向并未发生改变，上述波动溢出的传导方向检测验证了这一点。

由此可见，中美贸易摩擦对中美大豆期货市场的波动溢出机制产生了断层冲击，而贸易阻断是中美大豆期货市场波动溢出效应发生结构性变化的根本原因。

六、研究结论

本文以 2011 年 9 月 6 日至 2019 年 8 月 2 日中美大豆期货市场的价格日度数据为样本，考察中美贸易摩擦是否产生了贸易阻隔效应。结果显示：①中美大豆期货市场存在波动溢出效应，其强度受重大事件影响显著。中美大豆现货市场的贸易传导是波动溢出效应的主要因素。中美贸易关系越是常态化，中美两国大豆期货市场之间的联系也就越是紧密，这种联系对我国大豆期货市场的影响是双向的，它既意味着大豆市场的供求机制得到了加强，又意味着中美两国大豆期货市场的风险传递更加迅速。②中美贸易摩擦对中美大豆期货市场的波动溢出机制产生断层冲击，导致其波动溢出效应发生结构性突变，产生阻隔效应。在中美贸易摩擦升级之前，中美大豆期货市场之间存在显著的价格波动溢出效应。在中美贸易摩擦升级以后，中美大豆期货市场价格的波动溢出效应受到明显冲击，导致中美大豆期货市场之间价格传递的贸易渠道受阻，这种变化虽然部分阻隔了两国大豆期货市场之间的风险传导，但却加剧了因实体经济因素波动所产生的大豆期货市场自身的价格波动风险，导致中美大豆期货市场之间的资金传导渠道和预期传导渠道发生变化。③中美贸易摩擦使中美大豆期货市场之间的波动溢出效应减弱，传导方向也发生变化。其中，DCE 豆 1 （非转基因大豆）与 CBOT 大豆的波动溢出效应由原来的双向传导转变为豆 1 向 CBOT 大豆的单向传导，但 DCE 豆 2 与 CBOT 大豆的传导方向并未发生变化，这种差别主要是由我国大豆采购商的交易机制所决定的。④虽然中美贸易摩擦部分阻隔了两国大豆期货市场之间的风险传导，但却因贸易阻隔加剧了大豆期货市场自身的价格波动风险。

据此，我们给出以下建议：①拓宽大豆供给渠道，优化我国大豆进口市场的贸易格局。一方面，多元化大豆进口贸易格局，增加对南美等地区的大豆采购，减少对单一市场的进口依赖；另一方面要加快大豆生产企业的"走出去"，例如，在巴西和阿根廷开展大豆生产农业合作，增强大豆供给弹性，构建多层次、多样化的大豆市场体系。②进一步完善农产品期货市场建设，一方面，在加强大豆期货市场金融产品创新的同时，扩大大豆期货市场对外开放程度，有效分散各种重大冲击所产生的巨大不良影响；另一方面，有助于提高我国在国际大豆定价中的话语权。③加强市场监管，有针对性地开展期货市场投资心理预期干预，防范和化解重大事件冲击对我国大豆期货市场运行机制产生的不利影响，充分发挥市场机制对实体经济的有益调节。

参考文献

［1］宋宪萍，康萌．美国发起贸易争端的缘起反思［J］．当代经济研究，2019（9）：72-83+113.

［2］羌建新．中美贸易战会向投资、金融领域蔓延吗［J］．世界知识，2018（15）：11.

［3］Solnik B H. An Equilibrium Model of The International Capital Market［J］. Journal of Economic Theory, 1974, 8 (4): 0-524.

[4] King M, Sentana E, Wadhwani S. Volatility and Links between National Stock Markets [J]. Econometrica, 1994, 62 (4): 901-933

[5] Modiglian, Miller M H. The Cost of Capital, Corporation Finance and The Theory of Investm-Ient [J]. American Economic Review, 1959, 49 (4): 655-669.

[6] 于恩锋. 中美贸易战的金融效应——基于中美股市的事件研究法实证 [J]. 中国证券期货, 2019 (3): 9-21.

[7] 孙毅, 秦梦. 中美大豆期货市场联动性分析——基于同频和混频模型的分析 [J]. 价格理论与实践, 2018 (12): 409-412.

[8] 李合龙, 杨能, 林楚汉, 张卫国. 我国股票市场行业间波动溢出效应研究——基于改进的 EMD 去噪方法 [J]. 系统工程理论与实践, 2019, 39 (9): 2179-2188.

[9] 曹栋, 张佳. 基于 GARCH-M 模型的股指期货对股市波动影响的研究 [J]. 中国管理科学, 2017, 25 (1): 27-34.

[10] 胡根华. 中国—东盟金融市场的结构相依与极值风险: 基于"一带一路"的背景 [J]. 管理工程学报, 2019, 33 (2): 18-27.

[11] Cristina A, Timo T. Specification and Testing of Multiplicative Time-Varying-GARCH Models With Applications [J]. Econometric Reviews, 2017, 36 (4): 421-446.

[12] 程旭. 贸易争端背景下中美豆类期货市场溢出效应研究 [D]. 江西财经大学硕士学位论文, 2019.

[13] 戴一爽. 贸易战背景下中美大豆期货溢出效应研究 [D]. 北京外国语大学硕士学位论文, 2019.

[14] Charfeddine L, Guégan D. Breaks or Long Memory Behavior: An Empirical Investigation [J]. Physica A Statistical Mechanics & Its Applications, 2012, 391 (22): 5712-5726.

[15] Bai J, Perron P. Estimating and Testing Linear Models with Multiple Structural Changes [J]. Econometrica, 1998 (66): 47-40.

[16] 王倩. 期货大宗商品价格波动的差异性研究 [D]. 中国农业大学博士学位论文, 2015.

[17] 孙青晖. 美国农产品期货市场对我国农产品现货市场营销的实证分析 [D]. 南京农业大学硕士学位论文, 2011.

[18] 安志霞. 中国大豆价格波动性研究 [D]. 北方工业大学硕士学位论文, 2013.

[19] 闫桂权, 何玉成, 杨雪. 产业链视角下大豆系期货价格溢出效应研究——基于 DCE 与 CBOT 的比较 [J]. 世界农业, 2019 (5): 53-64.

[20] 赵霞, 王舒娟, 杨茜. 市场结构、市场波动与价格传递——稻米市场波动关联效应研究 [J]. 农业技术经济, 2016 (1): 98-107.

[21] 赵玉. 大豆期货价格波动的风险管理研究 [D]. 华中农业大学博士学位论文, 2010.

[22] 黄蕙萍, 吕春锋, 魏龙. 资源性产品国际价格影响因素的实证研究——以原油市场为例 [J]. 国际贸易问题, 2014 (5): 54-64.

[23] Kim J M, Jung H. Directional Time-Varying Partial Correlation with The Gaussian Copula - DCC - GARCH Model [J]. Applied Economics, 2018 (41): 4418-4426.

[24] 王柏杰, 李爱文. 夜盘交易与中美期货市场联动——基于波动溢出与动态关联视角 [J]. 金融经济学研究, 2016, 31 (5): 65-74.

[25] 吴航宗. 中美大豆期货的波动溢出效应研究 [D]. 浙江财经大学硕士学位论文, 2018.

Analysis on the Spillover Effect of Volatility in the Sino-America Soybean Future Markets from the Perspective of Trade Friction

Zhao Xia[1], Yuan Jie-wei[2]

(1. *Research Institute of Food Economics, Nanjing University of Finance & Economics, Nanjing, 210003, China*;

2. *Collaborative Innovation Center of Modern Grain Circulation and Safety, Nanjing University of Finance & Economics, Nanjing, 210003, China*)

Abstract: As China is a major exporter of US soybeans, the changes in Sino-US soybean market trade policies will have a great impact on Sino-US soybean trade. Take the Sino-US soybean futures market as the research objective to analyze the impact of Sino-US trade friction on the transmission of volatility in the Sino-US futures market. Use Copula-DCC-GARCH and other econometric models to analyze and investigate the impact of trade friction on the volatility spillover characteristics, volatility structure changes and transmission direction of the soybean futures market. The research conclusions show that there is a volatility spillover effect in the Sino-US soybean futures market, and its intensity is significantly affected by major events; Sino-US trade frictions have a disruptive impact on the volatility spillover of the Sino-US soybean futures market, resulting in structural mutations and significant barrier effects; Trade friction has weakened the volatility spillover effect between the soybean futures markets in China and the US, and the transmission direction has also changed; Although the Sino-US trade friction partially blocked the transmission of risks between the soybean futures markets of the two countries, the trade barriers aggravated the risk of price fluctuations in the soybean futures market itself.

Key Words: Sino-America Trade Frictions; Soybean Futures Market; Volatility Spillover Effect; Copula-DCC-GARCH Model

粮食经济研究
2020 年第 2 辑　　　FOOD ECONOMICS RESEARCH　　　Vol. 6　No. 2

中国粮食价格支持政策有效性分析：
短期和长期视角[①]

刘　婷　胡　迪

（南京财经大学　粮食和物资学院，江苏　南京　210003）

摘　要：粮食价格支持政策的有效性事关国家粮食安全和粮食产业发展质量，不容忽视。根据 2004～2016 年三种粮食主产省份相关数据，从短期和长期视角对粮食价格支持政策增产增收目标进行分析。研究发现，粮食供给对短期价格缺乏弹性，对长期价格富有弹性，价格支持政策长期激励导致粮食供给扭曲，进而储备扭曲；在开放市场条件下，国内外粮食价格倒挂进一步导致粮食进口扭曲；受农民收入结构稀释和生产成本挤压，价格支持政策的启动对农民增收效果甚微。本文认为，为应对国际粮食危机而启动的价格支持是短期政策，仅具有短期有效性，应及时退出市场，长期启动将导致政策低效甚至无效。据此提出应厘清短期政策和长期政策效力边界以及树立以需求为导向的新型粮食安全观的建议。

关键词：价格支持；有效性；增产增收；短期；长期

一、引言

粮食是关乎国计民生的重要战略性商品，粮食价格涉及众多主体的切身利益，且极易受到外部因素影响而出现上下波动的情况，导致消费者和生产者福利受损。因此，维持粮食价格稳定成为世界各国政府制订农业政策的重要目标（Yu，2014）。为了矫正粮食价格波动的不利影响，我国也实施了一系列以价格支持为核心的补贴政策，其中，托市收购政策尤为突出并占据极为重要的地位，运行十数年后，价格支持政策的各种弊端不断凸显，政策有效性问题已到了需要反思和总结的关键节点。

自改革开放以来，我国粮食价格支持政策大致经历了"双轨制""保量放价""保护价收购"到"托市收购"的数轮调整，成功地扭转粮食供给严重短缺的困难局面。在加入 WTO 后，为了稳定粮食价格和促进粮油生产，国家在多边贸易规则约束下对主要粮食品种先后实施了托市收购政策，包括对稻谷和小麦实行的最低收购价政策以及对玉米、大豆和油菜籽实行的临时收储政策。2007 年下半年至 2008 年上半年，受国际粮食市场价格暴涨的传导，国内粮食价格也出现上涨趋势。为应对这一特殊状况，决策层连续两次提高 2008 年最低收购价，同时启动玉米等农产品的临时收储政策，并向市场抛售国有粮库的粮食储备，以期通过发展粮食生产来稳定物价水平，管理好通胀预期（叶兴庆，2017）。

[①]　收稿日期：2020-12-29

有目共睹的是，在此期间我国大米、小麦和玉米等主要粮食品种的价格增长幅度显著低于国际价格，虽然少有公开资料分析我国粮食价格调控对稳定市场价格的贡献大小，但不可否认，政府的价格干预以及有效的贸易保护在控制国内粮价上涨方面确实发挥了重要作用（黄季焜等，2009）。此轮国际粮食危机的成功应对，更加坚定了政府以价格支持保障我国粮食安全的信心和决心。部分学者表示我国粮食市场发育不足的现实说明有必要进行粮食价格干预（施勇杰，2007；王薇薇等，2009），且政策兼具生产支持和收入支持的托市效应（王世海和李先德，2012），有助于保障粮食安全、合理调节工农及城乡之间的利益分配（周应恒等，2009），因而政策有效可行（张建杰，2013）。于是此后，最低收购价、临时收储政策便被赋予保障粮食产量和提高农民收入的双重职能（程国强，2016），托市价格连续七年轮番上涨八次。事实上，我国价格支持政策实施的十数年间，政策弊端和矛盾是无法回避的，粮食价格多重倒挂、主要粮食品种供给过剩、库存和财政负担沉重以及"黄箱"补贴剩余空间收窄等问题的出现表明政策的有效性和可持续性需要进一步讨论。

我国粮食价格支持政策有效性问题复杂且受到广泛关注，针对"保供给"和"保收益"双重目标的实现情况而言，国内大多学者持肯定立场，认为价格支持政策在确保国家粮食供给和农民增收方面作用效果显著，事实上，这里有两个问题需要深入辨析和理性判断：一是尽管价格支持政策能够促进粮食增产，但长期增产是否等同于政策有效？如果粮食增产即表明政策有效，那么如何解释当前粮食产量、库存量和进口量"三量齐增"的粮食困局？二是人们常说"谷贱伤农"，那么粮价下跌是不是必然导致农民增收？同样，政策提价是不是必然带来农民增收？这是值得我们思考的问题。在新的粮食供求形势和政策背景下，有必要重新审视我国粮食价格支持政策，本文试图在分析现行粮食价格支持政策作用机制基础上，从粮食供给反应和农民收入变化的角度客观理性地评价我国粮食价格支持政策的实施效果，这对于调整和完善粮食安全政策措施具有重要的现实意义。

二、粮食价格支持政策理论分析

（一）作用机制

托市收购政策是一种以政府定价为核心的价格支持政策，发达国家也曾实行多年，其实质是政府制定一个政策价格，当市场粮价低于政策价格时，由国家按照政策价格（最低收购价或临时收储价）在市场收购原粮并储存，通过减少市场供给量促进粮价回升；当市场粮价高于政策价格时，根据市场需求将临时收储粮食通过公开拍卖、定向投放等方式输入市场，平抑市价。

为稳定国内粮食供给，保障农民种粮积极性，政府连续多年启动主要粮食品种的价格支持政策，政策预期的产量效应和收入效应如图 1 所示。为阐述方便，这里对农户的种植选择进行简化，即在受政策价格支持的作物 1 和不受政策支持的作物 2 （替代作物）中进行种植决策。根据供给理论，假定在技术条件不变和投入要素数量一定的前提下，农户将依据利润最大化目标将有限的生产资源在作物 1 和作物 2 中分配，此时两种农作物最大产量组合形成生产可能性边界 PPF （或是 Production-Possibility Boundary）。S 表示等利润曲线，斜率表示作物 1 与作物 2 的价格之比。S_1 表示在市场粮价高于托市价格情况下，政策未启动时农户的等利润线与 PPF 相切于 N 点，此时（Q_1^1，Q_2^1）是农户利润最大化目标下的产出组合。S_3 表示市场粮价低于托市价格情况下，当政策启动时农户的等利润线与 PPF 相切于 M 点。价格支持政策的实施导致作物 1 相对于作物 2 的种植收益提高，理性的农户会将更多资源投入作物 1 的生产中以获取更高利润，产量组合变为（Q_1^2，Q_2^2），受价格支持的作物 1 的产量由 Q_1^1 明显增长为 Q_1^2。简单来说，价格支持政策的产量效应是通过改变农户种粮的比较收益而实现的。

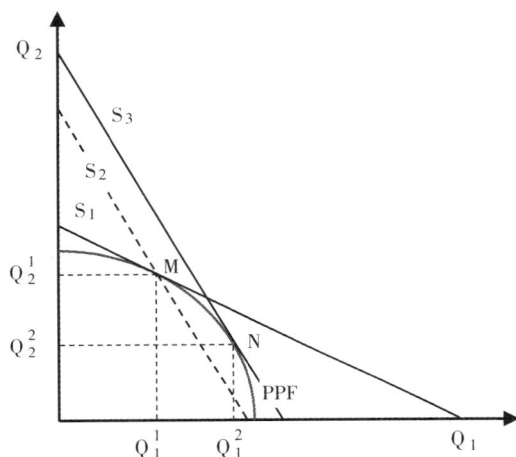

图 1　粮食价格支持政策的产量效应与收入效应

S_2 是由 S_3 平移得到的辅助等利润线，S_1 和 S_2 均通过 M 点，说明此时两者可以实现相同的产出组合和一致的利润，但 M 点并不是 S_2 的最优选择。而 S_2 向右平移至 S_3，与 PPF 相切于 N 点，才是利润最大化的选择，这就说明相比于原始价格下的产出组合，政策启动后的产出组合将为农户带来更高的利润收益，由此形成政策的收入效应。

（二）理论模型

为进一步理解价格支持政策的产量效应和收入效应的真实效果，本文试图构建理论模型，通过价格弹性的测算来说明。粮食收购价格是影响粮食产量和农民收入的重要因素，而粮食产量对收购价格的供给反应则是衡量价格杠杆作用机制的基础（Nerlove，1956），供给对价格的反应通过农业资源内部结构的调整来实现，农户对供给的反应是一个动态调整的过程，供给弹性表示的是产量对价格的调整速度和幅度，因此供给弹性可以度量农户对外部环境变化时的调整能力，这对于政策制订者来说非常重要。

由于粮食生产周期较长，且当期市场价格只有在生产完成后才能确定，因此，价格预期成为农户进行生产决策的重要依据。在较早研究中常以前一期产品价格作为预期价格，这种预期为幼稚型价格预期（Muth，1961），而 Nerlove（1960）摒弃幼稚型价格预期模型对预期价格简单、静态的假设，提出适应性价格预期模型，该模型假定农户不仅对过去的粮食价格做出反应，并且可以利用自身的知识和以往的经验修正预期价格，使其更接近于实际价格。Nerlove 模型是农产品供给反应估计应用比较广泛的一种方法，其假定农户根据预期价格调整生产面积或产量以应对外界刺激，既可以表示为播种面积对预期价格的反应，也可以表示为产量对预期价格的反应，基本形式包括三部分：

$$A_t^e = \alpha_0 + \alpha_1 P_t^e + u_t \tag{1}$$

$$P_t^e - P_{t-1}^e = \beta(P_{t-1} - P_{t-1}^e) \tag{2}$$

$$A_t - A_{t-1} = \gamma(A_t^e - A_{t-1}) \tag{3}$$

A_t 和 A_t^e 分别是 t 期作物实际播种面积与长期均衡时播种面积；P_t 和 P_t^e 分别是 t 期作物实际价格与期望价格。β 和 γ 分别表示期望价格调整系数与期望供给调整系数，且 $0 < \beta$，$\gamma \leqslant 1$；u_t 表示随机误差项。

为了使用 Nerlove 模型估计作物供给反应，需要通过合并整理消除方程中不可观测变量 A_t^e 和 P_t^e，从而得到 Nerlove 模型的一般最简形式为：

$$A_t = b_0 + b_1 P_{t-1} + b_2 A_{t-1} + b_3 A_{t-2} + U_t \tag{4}$$

式（4）中，$b_0 = \gamma\alpha_0\beta$，$b_1 = \gamma\alpha_1\beta$，$b_2 = (2 - \gamma - \beta)$，$b_3 = (\gamma - 1)(1 - \beta)$，$U_t = \gamma(u_t - (1 - \beta)u_{t-1})$。通过实证方法估计出系数 b_0、b_1、b_2、b_3 的值后，进一步计算可得到关键参数 α_1 的值，表示为 $b_1/(1 - b_2 - b_3)$。

由此可得，短期供给价格弹性为：

$$\varepsilon_s = b_1 \frac{\overline{P}}{\overline{A}} \tag{5}$$

长期供给价格弹性为：

$$\varepsilon_l = b_1/(1 - b_2 - b_3) \frac{\overline{P}}{\overline{A}} \tag{6}$$

在式（5）和式（6）中，b_1 和 $b_1/(1 - b_2 - b_3)$ 分别表示供给的短期价格反应系数和长期价格反应系数，$\overline{P}$ 和 $\overline{A}$ 分别表示根据历史数据计算的价格和播种面积（或产量）的平均值。

为了分析农民收入对粮食价格变动的反应，这里用收入—价格弹性衡量农民收入对粮食出售价格变动的敏感程度，计算公式如下：

$$\varepsilon_{hi} = \frac{\Delta HI/HI}{\Delta P/P} \tag{7}$$

$$\varepsilon_i = s_h \times \frac{\Delta HI/HI}{\Delta P/P} \tag{8}$$

HI 表示家庭经营性收入，P 表示粮食出售价格，农民纯收入包括家庭经营收入、工资性收入、转移性收入和财产性收入四大来源，s_h 表示家庭经营性收入在农民人均纯收入中所占比重，ε_{hi} 是家庭经营性收入对粮食价格反应弹性，ε_i 是人均纯收入对粮食价格反应弹性，可分别表示经营性收入与人均纯收入对粮食价格变动的敏感程度，大于 1 说明农民收入对粮食价格富有弹性，收入变动量将超过价格变动量，小于 1 则相反。

三、粮食价格支持政策产量效应分析

（一）模型设定

因变量和其他外生变量的选择是 Nerlove 供给反应模型考虑的两个重点。农作物供给反应模型的因变量通常选择作物品种的产量或者播种面积，本文选择作物播种面积作为模型因变量考虑到两个方面：一方面，土地是农业生产的主要投入品，农户通常根据不同作物品种的预期价格来进行土地分配，因此，价格与作物播种面积之间的因果关系更加明显；另一方面，粮食产量受气候、自然灾害等偶然因素影响显著，具有不可控风险，未必能真实反映农户种植决策意愿。因此，选择播种面积作为模型因变量更具合理性。就外生变量而言，根据农产品供给理论，在一定生产技术条件下，除作物自身价格外，作物的生产成本和机会成本（即利用既定的土地和劳动力等生产要素生产替代作物所能获取的最大收益）也是影响农户供给的重要因素，这里选取生产资料价格衡量作物生产成本，并用替代作物价格表示生产的机会成本，将两者作为外生自变量引入方程。对 Nerlove 模型进行直接估计会导致估计结果违背残差服从正态分布的假设，本文对各变量进行对数化处理，由此可直接得到短期供给价格弹性。综合以上分析，供给反应计量模型设定如下：

$$\ln A_{i,\,t} = \lambda_0 + \lambda_1 \ln P_{i,\,t-1} + \lambda_2 \ln A_{i,\,t-1} + \lambda_3 \ln A_{i,\,t-2} + \lambda_4 \ln P_{i,\,t}^c + \lambda_5 \ln P_{i,\,t-1}^s + \mu_t \qquad (9)$$

在式（9）中，$A_{i,\,t}$、$A_{i,\,t-1}$ 和 $A_{i,\,t-2}$ 分别表示 i 省第 t 期、第 $t-1$ 期和第 $t-2$ 期作物播种面积；$P_{i,\,t-1}$、$P_{i,\,t}^c$ 和 $P_{i,\,t-1}^s$ 分别表示 i 省第 $t-1$ 期作物自身价格、第 t 期生产资料价格以及第 $t-1$ 期替代作物价格；λ_i 表示待估参数，其中，λ_1 表示短期供给价格弹性系数；μ_t 表示随机扰动项。

由于稻谷、小麦和玉米既是我国主要粮食作物，也是价格支持政策的重点保护对象，粮食收购价格是政策支持最直接的表现，因此，本文将以最低收购价政策和临时收储政策执行省份的稻谷、小麦和玉米的系列数据等为研究样本[①]，时间跨度为 2004～2016 年。其中，各地区分品种粮食播种面积、生产资料价格指数以及家庭经营纯收入等数据来自于《中国农村统计年鉴》；分品种粮食收购价格、替代作物价格（以每百斤产品的平均出售价格表示）以及粮食单位面积产量（以每公顷粮食产量表示）等数据来自于《全国农产品成本收益资料汇编》。此外，为剔除通胀因素影响，本研究以 2003 年居民消费价格指数为基期，对各省份相应粮食价格进行平滑处理，CPI 数据来自于《中国统计年鉴》。

（二）不考虑开放条件下的产量效应

本文使用 Stata14 软件进行数据分析，首先通过 Hausman 检验可知本研究应采用面板数据的固定效应模型对式（9）进行估计，估计结果如表 1 所示。各模型调整后的可决系数分别达到 0.994、0.992 和 0.945，说明模型拟合度较高。根据回归结果测算，稻谷、小麦和玉米的短期供给弹性分别为 -0.0357、0.275 和 0.117，对价格反应迟钝，而长期供给弹性分别为 6.632、1.363 和 2.921，对价格反应非常敏感，这与韦鸿、王磊（2011）基于 VEC 模型的实证结果一致。说明我国稻谷、小麦和玉米的生产决策对价格波动的反应存在时滞。短期内粮食播种面积对价格变动不敏感的主要原因在于，各生产要素在短期内均为固定投入，农民生产决策受种植习惯和投入成本等多方面约束，播种面积不易于调整，具

---

① 稻谷最低收购价执行省份为黑、吉、辽、豫、苏、皖、赣、湘、鄂、桂、川 11 省；小麦最低收购价执行省份为豫、冀、苏、皖、鲁、鄂 6 省；玉米临时收储执行省份为蒙、黑、辽、吉 4 省。需要特别说明的是替代作物的选取，根据作物耕作习性，稻谷生产区域的替代作物主要是玉米；小麦主产样本省份中苏、皖、豫 3 省的替代作物为油菜，考虑到冀、豫、鲁 3 省在农时上基本没有竞争性作物，因此将其替代作物价格变量取值为1；玉米主产 4 省的替代作物为大豆。

有供给刚性，这一点可以从上期播种面积对当期播种面积的显著影响中得到证实。而在长期中，当土地等固定生产要素转变为可变要素时，农户便可灵活调整粮食作物的播种面积，政策收购价格的不断上涨，使农户愿意调整生产结构来增加粮食播种面积，甚至开垦荒地来进行粮食播种以增加纯收入。另外，各粮食品种替代作物的系数值分别为 -0.005、-0.053 和 0.132，替代作物的收益对播种面积具有负向影响，表明农民是理性的，在条件允许的情况下会种植收益更高的作物。因此，在粮食价格支持政策长期干预下，农户将选择相对收益更高且价格预期更加稳定的稻谷、小麦和玉米，而减少其他替代作物的种植。

表 1   稻谷、小麦和玉米的供给价格反应模型估计结果

变量	稻谷	小麦	玉米
常数项	0.456 ***	1.123 **	1.012 **
	(4.23)	(2.32)	(2.25)
$\ln P_{t-1}$	−0.0357	0.275 ***	0.117
	(−1.17)	(3.76)	(1.11)
$\ln A_{t-1}$	0.862 ***	0.952 ***	0.953 ***
	(13.18)	(10.03)	(6.38)
$\ln A_{t-2}$	0.145 **	−0.154 *	0.005
	(2.2)	(−1.76)	(0.04)
$\ln P^c$	−0.066 **	−0.114	−0.094
	(−2.49)	(−2.07)	(−1.04)
$\ln P^s_{t-1}$	−0.005 ***	−0.053 *	−0.132 *
	(−2.79)	(−1.27)	(−1.27)
R^2	0.994	0.992	0.945
短期弹性	−0.0357	0.275	0.117
长期弹性	6.632	1.363	2.921

注：*、**、***分别表示在 10%、5%和 1%置信水平下显著；括号内为 t 值。

自 2004 年最低收购价格政策以及 2008 年临时收储政策实施以来，我国粮食产量实现史无前例的"十二连增"（2004~2015 年），可见价格调控对于我国粮食供给安全的保障作用是毋庸置疑的。尤其是在 2007~2008 年国际粮食危机发生后，政府不仅连续两次提高 2008 年最低收购价格，同年还发布继续提升 2009 年最低收购价格的决定。自此，政府对粮食市场的直接干预不断升级，2008~2014 年，托市收购多次提价，稻谷最低收购价连续 7 年提高，早籼稻、中晚籼稻和粳稻的累计提价幅度分别达到 93%、92%和 107%；2009~2014 年小麦连续 6 年提价，白小麦及红小麦和混合麦的累计提价幅度分别达到 64%和 71%；2010~2013 年，玉米临储价格累计提价 49%。当粮食价格连续上涨时，市场将会如何反应？从需求端来看，作为居民生活必需品，消费者对粮食价格的变化表现并不敏感，需求缺乏弹性，因此价格上涨对粮食消费数量影响有限。而供给端的反应则不同，受固定投入和种植习惯的影响，农户短期供给缺乏弹性，但长期供给则富有弹性，政策价格的抬升将导致粮食产量大幅增加。《中国农村统计年鉴》相关数据显示，2003 年和 2016 年全国粮食播种面积分别为 99410 千公顷和 113034 千公顷，增加 13624 千公顷，近 14%；2003 年和 2016 年粮食总产量分别为 43070 万吨和 61625 万吨，增加 18555 万吨，超过 43%。可见，不管是粮食播种面积还是粮食总产量，2004～2016 年均呈现上涨态势。

尽管持续增产能够有效保障我国粮食供给安全，但也带来其他两方面的问题：首先，在政策实施期间，我国粮食供给量（产量与库存量之和）已经严重超出国民消费需求数量，造成供给过剩，库存压力和财政负担骤增。表 2 中显示的是 2008～2016 年粮食价格调控干预不断升级期间，我国稻谷、小麦和玉米的供需平衡表，主要包括产量、净进口量、消费量和库存估计量。以 2011 年为分界点，2011 年以前各粮食品种产量增幅均小于 2011 年之后的增长水平。随着 2011 年我国贸易格局的扭转，粮食净进口规模扩大，促使各粮食品种的库存持续积压，截至 2016 年底，保守估计稻谷、小麦和玉米的库存量已经相当于当年产量的 37%、47.1% 和 82.1%，出现严重过剩。这部分过剩供给不仅增加国家粮食库存压力，而且政府也将为此支付高昂的运输、保管和监督成本，将长期给政府财政带来沉重负担。我国粮食储备原本用于调节粮食市场供求，而粮食过剩则使储备功能面临失效的危机。其次，针对个别品种的价格保护政策将导致品种内和品种间的结构失衡。一方面，不规定品种内等级差价将导致高品种粮食销售优势不明显，最终出现"低品质粮驱逐高品质粮"的现象，不利于粮食品种内部结构平衡；另一方面，单个品种的价格扶持将引导农民调整农业种植倾向，减少替代作物的生产，出现作物间的结构失衡，更不利于粮食品种多元化发展。

粮食经济效率应当表现为粮食价值的增加而不是产量的增加，即粮食产量应该是满足市场供求均衡的产量，粮食价格则是反映市场供求均衡的价格。从粮食经济效率的角度来看，粮食过剩和粮食短缺具有同样的低效率。粮食价格长期调控导致价格平衡市场供求的基本功能大大减弱，造成粮食无效生产和无效储备的问题日趋严重。

表 2　2008～2016 年我国三大粮食品种供需平衡表

单位：万吨

类别	年份	2008	2009	2010	2011	2012	2013	2014	2015	2016
稻谷	产量	19190	19510	19576	20100	20424	20361	20651	20823	20708
	净进口量	−67	−45	−25	6	208	177	214	306	305
	消费量	18317	18425	19250	19550	19600	19880	19960	19850	19904
	库存量	806	1846	2147	2703	3735	4393	5298	6577	7686
小麦	产量	11246	11512	11518	11740	12102	12193	12621	13019	12885
	净进口量	−9	89	122	121	369	550	297	297	336
	消费量	11620	11430	11556	11615	12040	11848	11890	11330	11610
	库存量	−383	−212	−128	118	549	1444	2472	4458	6069

续表

类别 \ 年份		2008	2009	2010	2011	2012	2013	2014	2015	2016
玉米	产量	16591	16397	17725	19278	20561	21849	21565	22463	21955
	净进口量	−20	−5	145	162	495	319	258	472	316
	消费量	16233	16999	17620	17990	19009	18416	17410	18200	20630
	库存量	338	−269	−19	1431	3478	7230	11643	16378	18019

注：粮食库存估计方法：库存量 = 当期产量 + 当期净进口量 − 当期消费量 + 上期库存结转。

资料来源：布瑞克数据库。

（三）考虑开放市场条件下的进口效应

相对于粮食自给自足的封闭状态，在开放经济环境下，粮食政策还需警惕国际市场的变化。"入世"后，受多边贸易规则约束，中国在实行关税配额管理和取消非关税壁垒的基础上，逐渐放宽粮食进口限制。随着粮食市场开放程度的提高和国内外市场一体化进程的加快，中国开始面临国际市场粮源利用和国际粮价波动风险防控的两难抉择。一方面，国际市场粮食进口能够弥补国内粮食品质结构和品种结构不完善的矛盾，具有平衡国内供求，调剂市场余缺的重要作用；另一方面，进口规模扩大，造成国际粮食价格变化对中国粮食市场的影响不断增强，国际粮食市场行情逐渐成为影响中国粮食价格稳定的一个重要因素，在此背景下，规避国际粮食价格异常波动对国内粮食市场的负面影响便成为中国粮食价格调控政策的主要目标之一（于晓华等，2017）。由此可以看到，2007~2008 年国际粮食危机爆发之际，为抵御国际粮价波动，保障粮食生产的正常进行，政府采取一系列提价措施来保护种粮农民的积极性。价格调控和出口限制措施双管齐下确实有效控制了国际粮价异常波动的风险传递，并未威胁到国内粮食安全（曹丽娟和洪伟，2009）。然而，与国内托市价格持续上涨形成鲜明对比的是国际粮食价格的深度回落（见图 2），逐渐形成国内外粮食价格倒挂的被动局面。

国内粮食价格指数根据历年稻谷、小麦和玉米的价格以各自消费量的估计值作为年度权重加权计算得到。

国内外粮食价格倒挂意味着国内粮食批发价高于进口到岸税后价，在进口粮食更具价格竞争力的情况下，持续提高国内最低收购价和临时收储价，将扩大国内外粮食价差，价差扩大引发粮食进口增加，低价进口粮的增加导致国外粮食挤占市场，而国内收购粮食只能进入仓库，进一步加重仓储库存和财政支出的压力，另外，提价也激励着国内更高的粮食产出，最终形成产量、进口量和库存量三量齐增的粮食困局。黄季焜（2018）认为，粮食市场国内外价格倒挂问题不能仅仅归因于生产成本的上升，价格政策干预不断升级才是问题出现的根本原因。实际上，从 2012 年开始，稻谷、小麦和玉米三大粮食品种已经全面出现供大于求的情况（见表 2），之后国内粮食价格本应与国际粮食价格同步下降，然而事实并非如此，国家为了稳定市场粮价，反而进一步抬高托市价格，政策收储量显著加大。随着国内粮食价格逐渐偏离国际粮食价格，国内粮食品种竞争力开始下降，尤其是稻谷和玉米，由"较强竞争力"转变为"很弱竞争力"（马翠萍，2017）。2011 年后，稻

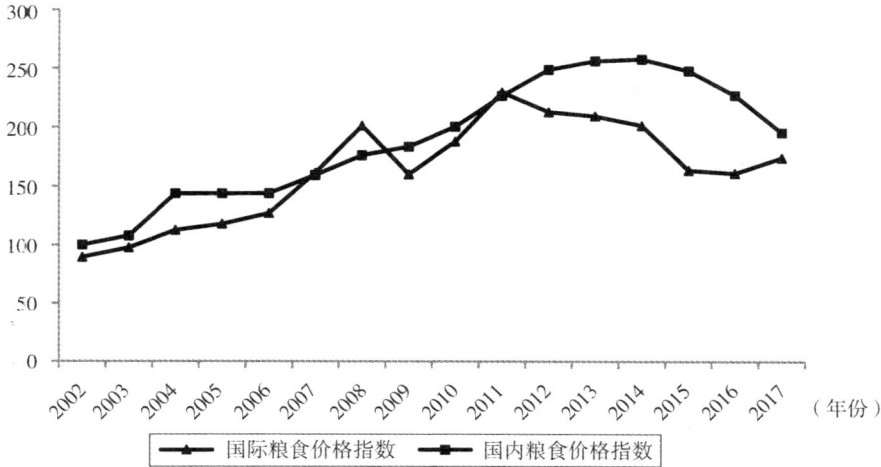

图 2   2002~2017 年国内和国际粮食价格指数（2002 年 = 100）

资料来源：国际粮食价格指数来自 http：//www. fao. org/worldfoodsituation/foodpricesindex/en/。

谷、小麦和玉米的贸易格局均由净出口扭转为净进口，在非必需进口过度这种情况下，受 WTO 规则约束，国内无法实施必要的边境保护措施来限制进口，导致国内价格政策变相补贴国外生产者。

综上所述，粮食产量对粮食价格短期缺乏弹性而长期富有弹性，价格支持政策不断升级造成国内粮食产量的低效甚至无效的增长。进一步将市场扩大至开放条件下，国内外粮食价格倒挂又导致进口粮食"入侵"国内市场。最终形成粮食产量、库存量和进口量"三量低效齐增"的矛盾局势。因此，粮食政策不能简单以增加供给为目标，而应考虑到如何增加有效供给，这包括有效的产量、有效的进口量以及有效的库存量。

四、粮食价格支持政策的收入效应分析

人们通常用"谷贱伤农"形容粮食价格和农民收入的关系，然而粮价下跌是否必然导致收入降低？粮价上涨又是否必然导致收入上涨？学术界对此存在争议。有观点认为，政策支持推动粮食收购价格上涨可有效地增加农民收入（袁辉斌和欧阳涛，2011），也有专家学者认为，粮食价格上涨对农民收入水平的提高没有显著作用，政策性提价不能作为农民增收主渠道（廖西元，2007；刘耀森，2012），可谓仁者见仁，智者见智。笔者认为，如果考虑到农村家庭经营收入占农村人均纯收入比重，农业生产资料价格的攀升以及城乡居民收入差距等情况，这一问题的答案便一目了然。

表 3 中显示的是 2004~2016 年我国城乡居民收入比、农村居民收入结构、三种粮食平均售价和总成本以及收入的价格弹性等的变化情况，图 3 中显示的是 2004~2016 年三种粮食平均每百斤售价、总成本与净利润的变动趋势。通过分析考察农民经营性收入的价格弹性可以发现，2004~2016 年，除 2009 年、2010 年和 2013 年以外，其余年份的收入价格弹性均大于 1，说明粮食价格变动对农民经营性收入的变动影响较大，或者说经营性收入对粮食价格变动非常敏感，以 2011 年为例，收入价格弹性为 1.41，即粮食价格上涨 1%，农

民经营性收入将上涨 1.41%，因此，单纯从这个层面来说，政策支持价格的持续上涨能够促进农民家庭经营性收入的增加，然而，事实并非如此。

首先，农村人均纯收入按来源可分为工资性收入、经营性收入、财产性收入和转移性收入四大类，近年来，随着城市化与工业化的推进，农村剩余劳动力大规模地由农业部门转移至非农业部门，农民增收越来越依赖于外出打工的工资性收入，2004 年工资性收入占人均纯收入比重仅为 34%，2016 年这一比重已达 43.3%，而过去占主导地位的家庭经营性收入所占比重则由 59.5% 逐步下降至 36.2%，说明工资性收入已经开始取代经营性收入成为农民增收的主要动因（魏后凯，2016；潘文轩，2018）。据此，重新考虑收入价格弹性，仍以 2011 年为例，经营性收入价格弹性为 1.41，当年经营性收入占人均纯收入比重为 46.2%，那么人均纯收入价格弹性为 0.65，即粮食价格上涨 1%，农民人均纯收入仅上涨 0.65%，说明农民经营性收入对粮食价格变动富有弹性，而农民人均纯收入对粮食价格变动却缺乏弹性，因此，依靠提高粮食价格增加人均纯收入的成果将因农民收入结构的变化而被稀释。

表 3 2004~2016 年农民收入与粮食价格关系

单位：%

类别 年份	工资性收入占比	经营性收入占比	收入—价格弹性 1	收入—价格弹性 2	粮食出售价格增长率	粮食总成本增长率	城乡居民收入比
2004	34	59.45	1.75	1.04	25.09	21.15	3.21
2005	36.08	56.67	1.57	0.89	-4.78	10.62	3.22
2006	38.33	53.83	1.39	0.75	6.87	2.14	3.27
2007	38.55	52.98	1.16	0.62	9.50	6.59	3.32
2008	38.94	51.16	2.07	1.06	5.99	10.26	3.31
2009	40	49.03	0.63	0.31	9.31	10.22	3.33
2010	41.07	47.86	0.99	0.47	13.64	12.17	3.23
2011	42.47	46.18	1.41	0.65	11.22	12.97	3.13
2012	43.55	44.63	1.57	0.7	3.85	15.92	3.1
2013	41.76	38.62	0.49	0.19	1.06	11.32	2.81
2014	42.81	37.33	3.19	1.19	2.68	-1.52	2.75
2015	43.49	36.50	1.08	0.39	-6.51	2.57	2.73
2016	43.29	36.24	1.28	0.46	-6.79	2.41	2.72

注：①表中第二、第三列表示工资性收入和经营性收入占农村人均纯收入比重；②表中第四、第五列分别表示家庭经营性收入对粮食价格变动的弹性和人均纯收入对价格变动的弹性；③表中第六、第七列分别表示三种粮食平均出售价格的增长率和三种粮食平均总成本的增长率；④表中第八列表示城镇居民人均可支配收入与农村居民人均纯收入之比。

资料来源：国家统计局.《中国农村统计年鉴》（2005~2017）［M］.北京：国家统计出版社；国家发展和改革委员会价格司.《全国农产品成本收益资料汇编》（2005~2017）［M］.北京：国家统计出版社.

其次，粮食价格是百价之基，粮食价格的上涨将推高粮食生产经营成本（邓大才，

2009），从每百斤粮食出售价格和粮食总成本的变化趋势来看（见图3），两者几乎保持相同的增长方向，且大部分年份粮食总成本的增长幅度超过粮食价格的涨幅，并在粮食价格出现下跌的时间点仍保持小幅上涨的趋势，因此，尽管粮食价格不断上涨，而农民净利润却保持在较低水平，甚至出现负增长的情况，主要是受粮食生产成本的地板效应影响，在短期内，农民可享受到粮价上涨带来的收益，但在长期内必须忍受成本上涨带来的种粮净利润的下降，提高粮食价格带来的农民收入的上涨往往最终将因生产成本的增加而被抵消。

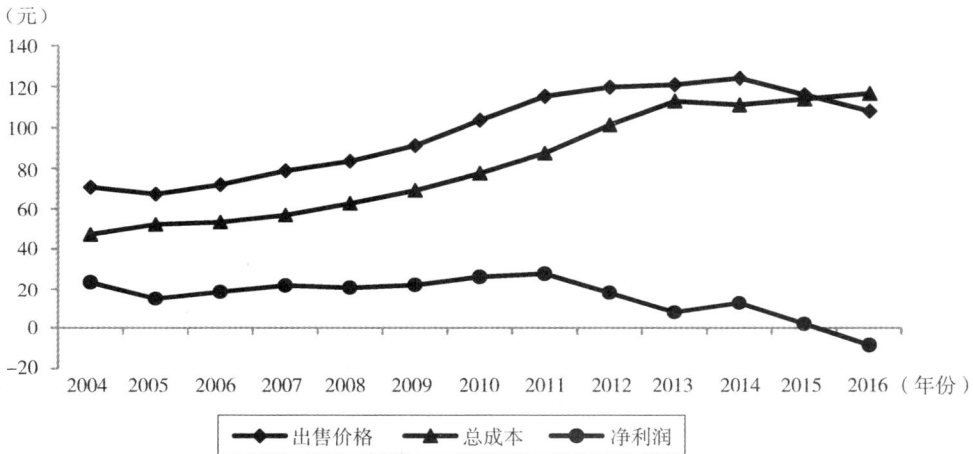

图3　2004~2016 年三种粮食平均每百斤出售价格、总成本与净利润情况

资料来源：国家发展和改革委员会价格司.《全国农产品成本收益资料汇编》（2005~2017）［M］. 北京：国家统计出版社.

最后，为了提高农民种粮收益，保障种粮积极性，2004 年国家密集出台包括价格补贴和直接补贴在内的一系列支农惠农措施，然而 2004~2009 年城乡居民收入比不降反升，长期稳定在 3：1 的水平，到 2009 年更是突破性地达到 3.3：1，此后政府继续加大市场干预力度，才使这一比例出现下降的势头，缓慢减少到 2016 年 2.72：1 的水平，但仍与 1.5：1 的世界平均水平存在较大差距（温涛等，2018）。这些数据说明：与城镇居民可支配收入相比，农村居民纯收入仍长期维持在相对较低的水平上，尽管数十年来我国财政为提升农民收入投放大量补贴资金，但农村居民的相对收入并没有明显提高，而粮食价格提升对此的贡献度更是微乎其微。

从上述分析可以发现，从短期来看，家庭经营性收入对粮食价格变动比较敏感，提高粮食价格能够促进经营性增收，随着经营性收入在人均纯收入中占比的持续下滑，以及粮食价格上涨诱致的成本效应逐渐凸显，在长时间内，粮食价格上涨对农民的增收效应将被大大削弱（贾娟琪等，2018），反而加重粮价下跌年份农民增收问题的严重性，并且从城乡居民收入差距的角度来看，农民相对收入并未因政策支持而有明显改善。从长期来看，不管是绝对收入还是相对收入，依靠粮食价格促进农民增收的潜力都不明显，所以说，

"谷贱"未必"伤农"（武舜臣等，2016），而提价也未必惠农。

五、结论与建议

针对中国粮食价格支持政策有效性问题，本文从价格弹性的角度，根据 2004～2016 年各粮食主产省份数据，利用 Nerlove 模型等方法分别测算粮食供给短期和长期价格弹性，与农民经营性收入和纯收入价格弹性，据此分析价格支持政策增产增收双重目标的实现情况。主要研究结论认为：2008 年中国粮食最低收购价格的上调以及临时收储政策的启动，是应对特殊时期国际粮食危机的短期政策，具有短期有效性，危机过后应及时退出市场，如果长期实施将造成价格调控的低效甚至无效。长期实施的低效性具体表现为三个方面：一是就增产目标而言，粮食供给对短期价格缺乏弹性，而对长期价格富有弹性。政策支持价格的长期激励造成粮食产量过剩，质量下降，且品种内和品种间结构失衡，粮食供给低效甚至无效。二是在开放市场条件下，粮食价格持续上涨导致国内外价格倒挂，粮食进口量激增，粮食供给低效问题进一步加剧。三是就增收目标而言，农民经营性收入对价格富有弹性，而农民纯收入对价格缺乏弹性，加之粮食生产成本挤压与城乡相对收入未明显改善，因此，价格支持政策对农民增收作用甚微。由此可见，我国粮食价格调控政策能够起到平抑短期市场粮价波动的作用，但是无法承担"保供给"和"保收入"的重要职能，长此以往，不仅农民增收效应有限，粮食增产效应也将被过剩供给形成的巨大成本所抵消。

基于以上结论，本文认为，应该从以下两方面调整价格支持政策：一是粮食政策的制订应当区别实现短期目标与长期目标的措施，短期政策是应对特殊时期的突发状况，应及时退出市场，政府应当着力于短期政策退出机制的设计，不可产生政策惰性，导致短期政策长期化弊端的出现；二是确立新时代中国特色社会主义国家粮食安全观。传统粮食安全观以供给安全为导向，而切实有效的粮食供给应当充分重视区域层面和个体层面粮食需求偏好，要注重提高粮食生产质量，增加"无公害、绿色、有机"的中高档粮食产量供给（蒋和平，2018）。着力转变计划经济时期形成的传统粮食安全观，构建以需求为导向的新型国家粮食安全观来指导粮食价格政策的改革。

参考文献

［1］Yu X H. Raising Food Prices and Welfare Change：A Simple Calibration［J］. Applied Economics Letters，2014，21（9）：643-645.

［2］叶兴庆. 我国农业支持政策转型：从增产导向到竞争力导向［J］. 改革，2017（3）：19-34.

［3］黄季焜，杨军，仇焕广，徐志刚. 本轮粮食价格的大起大落：主要原因及未来走势［J］. 管理世界，2009（1）：72-78.

［4］施勇杰. 新形势下我国粮食最低收购价政策探析［J］. 农业经济问题，2007（6）：76-79.

［5］王薇薇，谢琼，王雅鹏，孙凤莲. 粮食收购市场各主体利益协调的经济学分析［J］. 中国农村观察，2009（4）：13-19+96.

［6］王士海，李先德. 粮食最低收购价政策托市效应研究［J］. 农业技术经济，2012（4）：105-111.

［7］周应恒，赵文，张晓敏. 近期中国主要农业国内支持政策评估［J］. 农业经济问题，2009，30（5）：4-11+110.

［8］张建杰. 对粮食最低收购价政策效果的评价［J］. 经济经纬, 2013 (5)：19-24.

［9］程国强. 我国粮价政策改革的逻辑与思路［J］. 农业经济问题, 2016, 37 (2)：4-9.

［10］Nerlove M. Estimates of The Elasticities of Supply of Selected Agricultural Commodities［J］. Journal of Farm Economics, 1956, 38 (2)：496-509+1056.

［11］Muth F J. Ration Expectation and The Theory of Price Movements［J］. Econometrica, 1961, 29 (3)：315-335.

［12］Nerlove M, Bachman K L. The Analysis of Changes in Agricultural Supply：Problems And Approaches［J］. Journal of Farm Economics, 1960, 42 (3)：861-880.

［13］韦鸿, 王磊. 粮食价格、农民收入对粮食产量影响分析——基于 VEC 模型的实证［J］. 农业技术经济, 2011 (6)：76-80.

［14］于晓华, 武宗励, 周洁红. 欧盟农业改革对中国的启示：国际粮食价格长期波动和国内农业补贴政策的关系［J］. 中国农村经济, 2017 (2)：84-96.

［15］曹历娟, 洪伟. 世界粮食危机背景下我国的粮食安全问题［J］. 南京农业大学学报 (社会科学版), 2009, 9 (2)：32-37.

［16］黄季焜. 农业供给侧结构性改革的关键问题：政府职能和市场作用［J］. 中国农村经济, 2018 (2)：2-14.

［17］马翠萍. 农产品入世"过渡期"结束后中国粮食贸易的演变［J］. 中国软科学, 2017 (9)：18-29.

［18］袁辉斌, 欧阳涛. 粮食最低收购价格与农民收入的相关性研究——以湖南省为例［J］. 湖南农业大学学报 (社会科学版), 2011, 12 (3)：6-10.

［19］廖西元, 方福平, 王志刚. 粮食生产发展核心长效机制及其实现途径探讨［J］. 农业经济问题, 2007 (4)：14-19+110.

［20］刘耀森. 农产品价格与农民收入增长关系的动态分析［J］. 当代经济研究, 2012 (5)：43-48+92.

［21］魏后凯. 新常态下中国城乡一体化格局及推进战略［J］. 中国农村经济, 2016 (1)：2-16.

［22］潘文轩. 在新时代下实现更加公平合理的收入分配——习近平收入分配思想探析［J］. 经济学家, 2018 (10)：14-20.

［23］邓大才. 粮食价格变化的增收效应研究：1978-2004［J］. 经济学家, 2009 (2)：48-53.

［24］温涛, 何茜, 王煜宇. 改革开放 40 年中国农民收入增长的总体格局与未来展望［J］. 西南大学学报 (社会科学版), 2018, 44 (4)：43-55+193-194.

［25］贾娟琪, 李先德, 孙致陆. 中国主粮价格支持政策促进了农户增收吗？——基于农业农村部全国农村固定观察点调查数据的实证研究［J］. 华中农业大学学报 (社会科学版), 2018 (6)：39-47+152-153.

［26］武舜臣, 王静, 胡舟. "谷贱"必然"伤农"吗？——一个理论判断及事实检验［J］. 经济问题探索, 2016 (2)：185-190.

［27］蒋和平. 改革开放四十年来我国农业农村现代化发展与未来发展思路［J］. 农业经济问题, 2018 (8)：51-59.

Analysis on The Effectiveness of Food Price Support Policy in China: Short -term And Long-term Perspectives

Liu Ting, Hu Di

(*Institute of Food and Strategic Reserves*, *Nanjing University of Finance and Economics*, *Nanjing*, 210003, *China*)

Abstract: The effectiveness of food price support policy related to food security and the quality of food industry. Based on short-term and long-term perspectives, this paper try to find whether the policy achieve the goal of supply-insurance and income-insurance or not. The results suggest that grain supply is inelastic to short-term prices and resilient to long-term prices. Food price support policy has implemented in a long time which results in food output and food stock in low efficiency. Within the frame of the world market, food prices at home and abroad are down, which makes grain import in low efficiency as well. What's more, price policy has little effect on increasing farmers' income, which is influenced by the structure of income and cost of production. Price policy in response to the international food crisis is effective in short-term, but will fail in long-term. Accordingly, this paper proposes that it's important to distinguish short-term policy and long-term policy and establish concept of new food security based on demand.

Key Words: Price Support; Effectiveness; Increase Both Output And Income; Short-Term; Long-Term

粮食调控政策转型背景下粮食期货市场有效性研究[①]
——基于大豆和豆粕数据的分析

李光泗　　陈心恬

(南京财经大学　粮食安全与战略研究中心，江苏　南京　210003)

摘　要：近年来，国家相继对临时收储政策和最低收购价政策进行了一系列改革，政府主导型宏观调控机制逐渐向以现代衍生品市场为主导的间接调控机制转变。在此背景下，粮食期货市场价格波动性发生了怎样变化，粮食期货市场的有效性是否得到改善？这对构建新型粮食市场调控体系、建立粮食市场稳定机制具有重要参考价值。为此，本文基于 2008 年 11 月 1 日至 2019 年 3 月 31 日大豆、豆粕日度期现市场价格数据，分别构建 GARH 模型、VECM 模型和 BEKK/DCC-GARCH 模型，从期货价格波动性、价格传导关系与波动溢出效应等方面入手，研究粮食调控政策改革背景下粮食期货市场有效性。研究发现：调控政策由政府主导转向市场主导后，大豆、豆粕期货市场价格波动发生了显著改变，豆粕期权上市后有效降低了豆粕期货价格的波动率；调控政策由政府主导转向市场主导后，大豆、豆粕期现市场间传导关系均发生显著变化；调控政策市场化改革后，大豆、豆粕期现市场价格间的双向波动溢出效应转变为期货价格对现货价格的单向波动溢出效应；此外，调控政策转型引起了大豆、豆粕期货市场价格发现能力的变化，市场开放程度越高，期货市场价格发现能力越强，市场越有效。

关键词：调控政策；大豆；豆粕；期货市场价格；现货市场价格

一、引言

近十多年来，为稳定国内粮食生产、平抑粮食市场波动、保障国家粮食安全，我国逐渐建立了系统的粮食市场调控政策体系，实行了政府主导型粮食市场宏观调控政策。具体包括三个方面：一是粮食生产价格支持政策，包括最低收购价政策和临时收储政策，通常称为"托市政策"；二是粮食流通市场与价格的调控措施，中央和地方政府都制定了粮食市场调控、价格调控方面的预案；三是强大的政府储备粮调控体系，建立以三级储备粮管理与调控体系为核心的储备制度，通过粮食收储及储备粮轮换来稳定粮食供给、平抑粮食价格波动。在粮食调控政策的作用下，我国粮食生产、粮食价格与粮食市场保持了极大的

---

①　收稿日期：2020-12-31
　　基金项目：国家自然科学基金面上项目（71673127）、教育部人文社会科学基金青年基金项目（16YJC790046）和现代粮食流通与安全协同创新中心项目。

稳定，对保障国家粮食安全发挥了重要作用。

随着国内市场化改革进程加快以及经济形势的转变，粮食市场调控政策面临的约束逐渐增强，粮食市场调控面临的国内与国际经济环境约束日益复杂，国家相继对粮食调控政策实行了一系列改革，并将其列为党的十九大以及中央一号文件的重要改革内容。近年来，国家全面取消粮食临时收储政策，玉米和大豆调控政策发生了巨大转变，对稻谷和小麦的最低收购价政策也进行了适度调整。2008 年，中国开始实施临时收储政策，以稳定玉米和大豆的生产。2014 年大豆临储政策取消、实行目标价格补贴政策，2016 年调整东北三省和内蒙古自治区玉米临时收储政策为"市场化收购"加"补贴"机制，2017 年调整东北三省及内蒙古自治区大豆目标价格补贴政策为大豆生产者补贴。2020 年 2 月 28 日，国家粮食和物资储备局发布《关于完善稻谷最低收购价有关政策的通知》，对 2020 年稻谷最低收购价格政策收购数量和收购方式进行调整，开始实行限量收购政策。

从粮食调控政策改革路径来看，取消临时收储政策在某种程度上反映了政府粮食市场调控方式的转变，代表了从政府直接调控向市场间接调控方式转型。突出体现在玉米和大豆临时收储政策取消后，国家大力发展玉米和大豆衍生品市场，先后推出了豆粕期权和玉米期权，以期通过发展现代粮食市场来实现粮食市场稳定。通常情况下，期货市场可提供预期价格信号，转移价格波动的风险，减少市场的非理性大起大落，提高市场流动性，缓解现货市场价格波动。但中国当前的粮食期货市场仍存在信息不对称、高杠杆性等问题，这在一定程度上影响了粮食期货市场的有效性，可能反而会放大市场风险和价格波动。

基于此，本文以大豆、豆粕为例，从粮食调控政策改革进程和大豆产业链视角入手，研究大豆、豆粕期货市场的波动性及有效性，以探究粮食调控政策改革过程中，粮食市场价格波动性及传导机制发生了怎样的变化？粮食衍生品市场是否能有效稳定粮食市场价格波动？研究当调控政策由政府主导转向市场主导时，是否会改变粮食期货市场与现货市场间的传导关系？随着政策干预逐渐退出，粮食期货市场的有效性是否得到增强？

二、文献综述

价格发现是衍生品市场的基本功能之一，期货、期权价格能够准确传递市场信息。衍生品市场的价格发现功能是检验市场有效性的重要标志之一，因此对衍生品市场价格发现功能的研究具有十分重要的理论与现实意义。Engle 和 Granger（1984）提出，尽管协整概念解决了价格序列非平稳性问题，但缺乏参数推断，不能保证价格序列的无偏性。Johansen（1988）利用极大似然方法推导出协整检验解决了上述问题，成为现有衍生品市场价格发现研究中常用的方法。在衍生品市场对其标的市场波动性影响研究方面，大部分学者认为，衍生品交易能够降低标的市场的波动性，对标的市场起到稳定作用。例如，Srinivasan（2010）研究了引入 CNX Nifty 指数期货和期权交易对印度现货市场波动性的影响，发现印度在期货和期权引入之后，增强了整体市场深度，增加了市场流动性，减少了信息不对称，降低了现货市场的波动。

由于国内粮食期权发展较晚，具有期权合约的粮食品种较少，现有研究中主要集中于期货的价格发现功能，并考察它们在价格发现功能中的作用大小（刘庆富和王海民，2006；华仁海，2005）。一般使用的方法有计算期现货价格的相关系数、期现货价格因果性分析、期现货价格协整检验、期货市场有效性分析、期现货价格主导作用分析等（闫云仙，2010）。关于主要粮食品种期货研究发现，粮食品种的期货价格对现货价格具有不同程度的预测作用，但不同品种的期货价格发现效率存在差异（Haigh，2000；戴鹏等，2019），各农产品期货品种间的波动关联度存在品种差异（肖小勇等，2019）。近年来，在最低收购价格政策影响下，小麦期货市场价格发现功能逐渐得以发挥，期货市场在价格传导中占主导地位（宋博和尚晨曦，2020）。针对中国期货市场能否稳定农产品价格这一问题进行了研究，发现中国农产品期货市场减缓了标的市场的波动，但影响程度因期货品种不同而存在差别（庞贞燕和刘磊，2013）。当然，外部经济因素对于期货市场的发展也会产生影响（王秀东等，2013）。随着国内大豆调控政策改革，大豆市场供给结构不断调整，国际大豆期货价格对国内大豆期货价格冲击有所减弱，国内大豆期货市场价格对现货市场价格传导效应增强（吴桐桐和王仁曾，2019）。

对期货市场有效性的研究主要是从传导关系与波动溢出效应两个层面来展开的。就期现货市场传导关系来看，在现有研究中因使用研究方法、数据等差异，研究结论并不一致（张有望和李崇光，2018；曹萍萍和廖宜静，2018；刘金珠，2018）。对国内粮食衍生品市场价格与现货市场价格间的波动溢出效应研究仍较有限，主要集中于股指期现市场及国内外农产品价格波动溢出效应的研究。在现有研究中，关于粮食期现货价格波动溢出效应的研究主要是采用不同方法对期现货价格溢出效应、不同粮食品种期货价格溢出效应以及不同粮食市场间溢出效应等进行了定量研究，如 BEKK-GARCH 模型（杨晨辉等，2011）、VAR-MVGARCH-BEKK 模型（黄太洋，2013）、BEKK-GARCH 模型（张有望和李剑，2017）等，但综合考虑期权市场及调控政策改革影响的研究较少。

从现有研究来看，较多关注于国内外粮食市场间的传导机制、波动溢出效应和短期影响，就粮食政策转变对粮食期货市场有效性影响及国内粮食期现市场间的价格传导关系和长期影响的研究仍较少。因此，本文结合调控政策改革背景，实证研究不同调控政策时期大豆、豆粕期货市场与现货市场间的价格传导关系及波动溢出效应，分析调控政策改革是否会对大豆、豆粕期货市场有效性产生影响，期货市场是否能对其现货市场承担良好的价格发现功能。

三、模型设定与数据说明

（一）模型设定

为研究调控政策改革背景下大豆、豆粕期货市场价格的波动性，厘清期货市场价格波动特征及变化，本文构建 ARCH 族模型对比分析粮食调控政策不同时期，大豆、豆粕期货市场价格波动性的变化，并进一步分析豆粕期权市场的发展对豆粕期货市场价格波动性的影响。在此基础上，分别建立 VECM 模型、BEKK-GARCH 模型、DCC-GARCH 模型，利用大豆和豆粕的日度数据，从产业链价格传递角度，研究粮食调控政策改革背景下期货市场的有效性。

1. GARCH 模型

由 Bollerslev 提出的广义自回归条件异方差模型，即 GARCH 模型是研究时间序列数据波动采用的一般性方法，是基于由 Engle 提出的自回归条件异方差模型，即 ARCH 模型发展出来的。该模型的提出克服了计量经济学对于经典回归方程的假设，即同方差假设，通过引入残差的方差项进行建模回归的方式，能够对模型本身的波动性做一个全面的预测，对于拟合模型波动性以及预测未来波动性有着较为重要的意义。ARCH 模型的表达式如下：

$$y_t = c + \lambda y_{t-1} + \varepsilon_t \tag{1}$$

$$\varepsilon_t = \sigma_t Z_t \tag{2}$$

其中，ε_t 表示模型的残差，Z_t 表示零均值和同方差的模型波动即模型的分布为（0，1）型分布，Z_t 符合独立同分布。式（1）表示条件均值方程，y_t 表示价格收益率，式（2）表示条件方差方程，ARCH 模型中的滞后阶数为 q 时，式（2）可以表示为 ARCH（q）：

$$\sigma_t^2 = \alpha_0 + \alpha_1 \varepsilon_{t-1}^2 + \alpha_2 \varepsilon_{t-2}^2 + \cdots + \alpha_p \varepsilon_{t-p}^2 \tag{3}$$

如果 ARCH 模型中滞后阶数 q 较大，无约束的估计常常会违背 α_i 为非负的限定，GARCH 模型在 ARCH 模型基础上进一步放宽了假设前提，GARCH（p，q）表示为：

$$\sigma_t^2 = \alpha_0 + \alpha_1 \varepsilon_{t-1}^2 + \alpha_2 \varepsilon_{t-2}^2 + \cdots + \alpha_p \varepsilon_{t-p}^2 + \beta_1 \sigma_{t-1}^2 + \cdots + \beta_P \sigma_{t-P}^2 \tag{4}$$

结合本文三个政策时期的研究背景，本章在式（4）的基础上，引入虚拟变量 D，D_1 表示政策实施虚拟变量，该政策实施前 $D_1 = 0$，该政策实施后 $D_1 = 1$；因为期权市场的交易规模是衡量期权市场发展程度的重要指标，所以，将期权成交量作为工具变量，研究期权市场发展对期货市场价格波动性的影响，D_r（$r = 2$，3，4）为期权成交量虚拟变量，成交量单位为万手。2017 年至今的期权成交量基本集中在（0，30]，少数日期的成交量大于 30 万手。根据豆粕期权上市后，期权日度成交量数据可将期权成交量划分为三个基本区间：（0，10]、（10，20] 和（20，+∞），因此，本文所用的 GARCH（p，q）可表示为：

$$\sigma_t^2 = \omega + \sum_{i=1}^{q} \alpha_i \varepsilon_{t-i}^2 + \sum_{j=1}^{p} \beta_j \sigma_{t-j}^2 + \delta_1 D_1 + \delta_2 D_2 + \delta_3 D_3 + \delta_4 D_4 \tag{5}$$

$$D_1 = \begin{cases} 0, & \text{该政策实施前} \\ 1, & \text{该政策实施后} \end{cases}, \quad D_2 = \begin{cases} 0, & \text{期权上市前} \\ 1, & 0 < \text{期权成交量} \leq 10 \text{万} \end{cases},$$

$$D_3 = \begin{cases} 0, & 0 < \text{期权成交量} \leq 10 \text{万} \\ 1, & 10 \text{万} < \text{期权成交量} \leq 20 \text{万} \end{cases}, D_4 = \begin{cases} 0, & 10 \text{万} < \text{期权上市前} \leq 20 \text{万} \\ 1, & \text{期权成交量} > 20 \text{万} \end{cases}$$

其中，$\alpha_i > 0$，$\beta_j > 0$，$\alpha + \beta < 1$ 表示外部信息和自身信息对市场冲击影响的持续性。通过对 δ 参数进行估计可判断政策调控对期货市场造成的影响。如果 $\delta_1 > 0$，说明政策变化增大了豆粕期货市场的波动性；如果 $\delta_1 < 0$，说明政策变化减小了豆粕期货市场的波动性。$\delta_r \neq 0$（$r = 2$，3，4），说明期权市场发展会对期货市场价格波动性产生影响，且期权市场发展程度越高影响越大。

2. VECM 模型

Engle 和 Granger（1995）将协整与误差修正模型结合起来，建立了向量误差修正模型，可认为 VECM 模型是含有协整约束的 VAR 模型，多用于具有协整关系的非平稳时间序列建模。具体设定如下：

$$\Delta y_{1t} = c_1 + \lambda_1 ecm_{1t-1} + \sum_{i=1}^{p} \alpha_{1i} \Delta y_{1t-i} + \sum_{j=1}^{q} \beta_{1j} \Delta y_{2t-j} + \varepsilon_{1t} \tag{6}$$

$$\Delta y_{2t} = c_2 + \lambda_2 ecm_{2t-1} + \sum_{i=1}^{p} \alpha_{2i} \Delta y_{1t-i} + \sum_{j=1}^{q} \beta_{2j} \Delta y_{2t-j} + \varepsilon_{2t} \tag{7}$$

其中，Δy_{1t} 表示粮食期货市场价格，Δy_{2t} 表示粮食现货市场价格。如果期货市场在上一期偏离了均衡，那么 $\lambda_1 \neq 0$，说明现货市场价格向期货市场价格传导；如果现货市场在上一期偏离了均衡，那么 $\lambda_2 \neq 0$，说明期货市场价格向现货市场价格传导。

3. BEKK-GARCH 模型

Engle 和 Kroner 提出的 BEKK-GARCH 模型较好地完成对不同粮食价格间的波动溢出效应的分析，该模型能够保证协方差矩阵的正定性，易识别，且待估参数较少，估计结果较准确。BEKK-GARCH（1，1）模型如下：

$$H_t = C C' + A(\varepsilon_{t-1} \varepsilon'_{t-1}) A' + B H_{t-1} B' \tag{8}$$

其中，H_t 是二维条件方差—协方差矩阵，$H_t = \begin{pmatrix} h_{11} & h_{12} \\ h_{21} & h_{22} \end{pmatrix}$；$A$ 是二维 ARCH 项系数矩阵，即 ε_{t-1} 对 H_t 的影响，$A_t = \begin{pmatrix} a_{11} & a_{12} \\ a_{21} & a_{22} \end{pmatrix}$；$B$ 是二维 GARCH 项系数矩阵，即 H_{t-1} 对 H_t 的影响，$B_t = \begin{pmatrix} b_{11} & b_{12} \\ b_{21} & b_{22} \end{pmatrix}$；$C$ 是常数项系数矩阵，$C_t = \begin{pmatrix} c_{11} & c_{12} \\ c_{21} & c_{22} \end{pmatrix}$；$\varepsilon_{t-1}$ 是滞后一阶的残差项矩阵，服从 $N(0, H_t)$ 分布。其中，$h_{11,t}$ 表示现货市场价格在 t 时期的方差；$h_{22,t}$ 表示期货市场价格在 t 时期的方差；$h_{12,t}$、$h_{21,t}$ 分别表示现货市场与期货市场价格在 t 时期的协方差。要研究三个政策时期，大豆、豆粕期现市场价格间的波动溢出效应，即是检验以下假设：

现货市场价格与期货市场价格间不存在波动溢出效应：H_0：$a_{12} = b_{12} = a_{21} = b_{21} = 0$；

现货市场价格不存在对期货市场价格的波动溢出效应：H_0：$a_{12} = b_{12} = 0$；

期货市场价格不存在对现货市场价格的波动溢出效应：H_0：$a_{21} = b_{21} = 0$。

4. DCC-GARCH 模型

Engle 提出的 DCC 多元 GARCH 模型可以刻画波动的时变性，经济含义更加明确，更便于进行经济分析，限制了估计参数，估计更加简便。可以得到期现市场价格自身因素和外部随机因素对期现价格相关性的影响。DCC-GARCH 模型设定如下：

$$r_t | \Phi_{t-1} \sim N(0, H_t) \tag{9}$$

$$H_t = D_t R_t D_t \tag{10}$$

$$r_t = \mu_{i,t} + \varepsilon_{i,t} \tag{11}$$

$$\mu_{i,t} = E(r_{i,t} | \Phi_{t-1}) = E(r_{i,t}) = \frac{\varepsilon_{i,t}}{\sqrt{h_{ii,t}}} \tag{12}$$

$$D_t = \begin{pmatrix} \sqrt{h_{11,t}} & 0 & 0 & 0 \\ 0 & \sqrt{h_{22,t}} & 0 & 0 \\ \vdots & \vdots & \ddots & \vdots \\ 0 & 0 & 0 & \sqrt{h_{NN,t}} \end{pmatrix} \tag{13}$$

$$R_t = \begin{pmatrix} Q_t & 0 & \cdots & 0 \\ 0 & Q_t & \cdots & 0 \\ \vdots & \vdots & \ddots & \vdots \\ 0 & 0 & \cdots & Q_t \end{pmatrix}^{-\frac{1}{2}} Q_t \begin{pmatrix} Q_t & 0 & \cdots & 0 \\ 0 & Q_t & \cdots & 0 \\ \vdots & \vdots & \ddots & \vdots \\ 0 & 0 & \cdots & Q_t \end{pmatrix}^{-\frac{1}{2}} \tag{14}$$

$$h_{ii,\,t} = \omega_i + \sum_{j=1}^{q} \alpha_{ij}\, \varepsilon_{i,\,t-1}^2 + \sum_{j=1}^{p} \beta_{ij}\, h_{ii,\,t-j} \tag{15}$$

其中，r_t 表示资产收益率，H_t 表示条件方差—协方差矩阵；R_t 是条件相关系数矩阵；α 表示 ARCH 项系数，表示前一期期现价格随机扰动项对当期期现价格相关系数的影响，β 表示 GARCH 项系数，表示前一期期现价格相关系数对当期期现价格相关系数的影响。

在 DCC-GARCH 模型中，主要关注动态相关系数矩阵 R_t，首先，估计 GARCH 模型；其次，用估计出的 H_t 减去残差，得到标准化残差序列，并进一步用这个标准化残差序列估计 R_t，得到变量间的时变相关系数，即式（15）。若 $\rho_{ij,\,t} > 0$，则说明现货市场价格收益率与期货市场价格收益率存在正相关性。

$$\rho_{ij,\,t} = q_{ij,\,t} \Big/ \sqrt{(q_{ii,\,t}\, q_{jj,\,t})} \tag{16}$$

（二）数据来源

本文选取大连商品交易所 2008 年 11 月 1 日至 2019 年 3 月 31 日大豆、豆粕期货合约的每日结算价的加权平均作为期货市场价格，其中，权重为各合约的成交量，选用结算价格综合了日交易的所有合约的数据信息，得到的价格信息最具有代表性，可以避免因当日各种场外因素导致的价格失真。2008 年 11 月 1 日至 2019 年 3 月 31 日的大豆、豆粕日度现货市场价格数据来源于 Wind 数据库。结合相关政策文件，以 2008 年 10 月 20 日国家发展和改革委员会、国家粮食局、财政部、中国农业发展银行联合下发的《关于下达 2008 年中央储备大豆收购计划的通知》（国粮调〔2008〕220 号），2014 年 5 月 17 日国家发改委根据中央一号文件相关要求启动东北和内蒙古大豆目标价格改革试点，2017 年 3 月 27 日国家发改委发布消息称将在东北三省和内蒙古自治区调整大豆目标价格政策、实行市场化收购加补贴机制等为政策节点。将研究数据界定为三个政策时期：2008 年 11 月 1 日至 2014 年 5 月 16 日为大豆临时收储政策实施时期，2014 年 5 月 17 日至 2017 年 3 月 26 日为大豆目标价格补贴政策实施时期，2017 年 3 月 27 日至 2019 年 3 月 31 日为大豆市场化收购政策实施时期。

为了消除异方差，依次对大豆、豆粕期现价格数据进行了对数化处理，具体变量如表1 所示。

表 1　变量说明

变量	含义	变量	含义
ss	大豆现货市场价格	Lss	大豆现货市场价格对数
fs	大豆期货市场价格	Lfs	大豆期货市场价格对数
sp	豆粕现货市场价格	Lsp	豆粕现货市场价格对数
fp	豆粕期货市场价格	Lfp	豆粕期货市场价格对数

（三）描述性统计分析

从变量的均值和标准差来看，当临储政策转向目标价格补贴政策时，大豆、豆粕期货市场价格与现货市场价格均值下降，标准差提高，说明大豆、豆粕期现市场价格波动性均有所增强，且价格均呈下行趋势。当目标价格补贴政策转向市场化收购政策时，大豆、豆粕期货市场价格与现货市场价格均值、标准差均进一步下降，说明大豆、豆粕期现市场价格波动性减弱，且价格继续呈下行趋势。从变量的峰度来看，三个政策时期大豆期现市场价格的峰度值均小于 3，都不具有尖峰厚尾的特征；豆粕期现市场价格在临储政策时期和目标价格补贴政策时期的峰度值小于 3，不具有尖峰厚尾的特征，而市场化收购时期豆粕期现市场价格峰度值大于 3，具有一定尖峰厚尾的特征。从 JB 检验结果来看，所有变量在 10% 的显著性水平下均不符合正态分布（如表 2 所示）。

表 2 大豆、豆粕期现市场价格描述性统计

政策阶段	变量	均值	标准差	偏度	峰度	JB 检验	p 值
临时收储	Lss1	8.293959	0.036155	−0.080312	2.931093	0.632604	0.078839
	Lfs1	8.335842	0.039136	0.331631	2.807399	9.878089	0.007161
	Lsp1	8.307807	0.099007	0.048192	1.938531	63.332370	0.000000
	Lfp1	8.116015	0.117042	0.194305	2.441397	25.815360	0.000002
目标价格补贴	Lss2	8.216666	0.083954	0.636249	1.875286	59.727690	0.000000
	Lfs2	8.317408	0.096795	−0.530144	2.309255	33.161040	0.000000
	Lsp2	8.030554	0.132466	0.101353	2.103477	22.740370	0.000012
	Lfp2	7.977099	0.135407	0.214304	2.104434	26.532910	0.000002
市场化收购	Lss3	8.178667	0.057282	0.224859	1.990224	25.303400	0.000003
	Lfs3	8.170657	0.063573	−0.549530	2.034899	44.302390	0.000000
	Lsp3	8.026224	0.074697	0.291203	3.254584	7.524660	0.023230
	Lfp3	7.976860	0.084029	0.347537	3.172841	9.554679	0.008418

四、大豆、豆粕期货市场价格波动性分析

（一）平稳性检验和 ARCH-LM 检验

平稳性检验是进行价格波动性分析前首先要考虑和处理的，因此，本文利用 ADF 检验来判断大豆期货收益率的平稳性。结果显示，不同政策时期大豆、豆粕期货市场价格均为非平稳的时间序列，但其一阶差分都通过了平稳性检验，均为一阶单整过程，即 I（1）。

在自相关性和偏自相关性检验的基础上，结合 AIC 和 SC 信息准则，分别确定了大豆和豆粕的 ARMA 模型，进而进行 ARCH-LM 检验。ARCH-LM 检验结果显示，对于大豆市场来说，在临储政策取消前后，F 统计值的相伴概率为 0.000000；在目标价格补贴政策取

消前后，F 统计值的相伴概率为 0.000000，均在 1% 的显著性水平下显著，因此，认为临储政策取消前后构建的 ARMA（0, 1）模型与目标价格补贴政策取消前后构建的 ARMA（1, 0）模型均通过 ARCH-LM 检验，即模型中存在异方差现象，拒绝原始假设，均适合构建 GARCH 模型。对于豆粕市场来说，在临储政策取消前后，F 统计值的相伴概率为 0.054400；在目标价格补贴政策取消前后，F 统计值的相伴概率为 0.081920，均在 10% 的置信水平下显著。因此认为临储政策取消前后构建的 ARMA（1, 0）模型与目标价格补贴政策取消前后构建的 ARMA（0, 1）模型均通过 ARCH-LM 检验，即模型中存在异方差现象，因此拒绝原始假设，均适合构建 GARCH 模型（如表 3 所示）。

表 3   ARCH-LM 检验结果

政策期	大豆市场		豆粕市场	
临储政策取消前后	F-statistic	31.803280	F-statistic	2.546588
	Prob. F（1, 2046）	0.000000	Prob. F（1, 1946）	0.054400
	Obs * R-squared	31.347100	Obs * R-squared	7.625532
	Prob. Chi-Square（1）	0.000000	Prob. Chi-Square（1）	0.054440
目标价格补贴政策取消前后	F-statistic	16.194000	F-statistic	1.052256
	Prob. F（1, 1190）	0.000100	Prob. F（1, 1050）	0.081920
	Obs * R-squared	16.003440	Obs * R-squared	5.052352
	Prob. Chi-Square（1）	0.000100	Prob. Chi-Square（1）	0.081900

（二）大豆期货市场的 GARCH 模型估计结果分析

从 GARCH 模型估计结果来看，临储政策取消前后及目标价格补贴政策取消前后的 ARCH 项和 GARCH 项均在 1% 的显著性水平下显著。在临储政策取消前后，ARCH 项系数为 0.115129，GARCH 项系数为 0.765464，$\alpha+\beta=0.880593<1$，GARCH 模型较稳定，波动持续性效应较强。且 $\alpha<\beta$，期货市场价格收益率的记忆效应较强，受外部冲击的影响较弱。在目标价格补贴政策取消前后，ARCH 项系数为 0.361713，GARCH 项系数为 0.427968，$\alpha+\beta=0.789681<1$，GARCH 模型较稳定，波动持续性效应较强。且 $\alpha<\beta$，α 与 β 相对均衡，期货市场价格收益率的记忆效应较强，受外部冲击的影响较弱。这说明随着政策干预不断退出，大豆期货市场价格波动受外部冲击的影响增强，收益率的记忆效应减弱，但记忆效应仍大于外部冲击影响，且局部波动性减弱，市场异常信息的冲击对大豆期货市场价格波动的影响持续时间减短，衰退速度增强，期货市场价格波动减弱，反应速度增强。

临储政策取消前后虚拟变量 D 的系数 $\gamma=0.000009>0$，在 1% 显著性水平下显著，说明目标价格补贴政策的实施提高了大豆期货市场的波动率；目标价格补贴政策取消前后，虚拟变量 D 的系数 $\gamma=-0.000029<0$，在 1% 显著性水平下显著，说明市场化收购政策的实施降低了期货市场的波动率，这与之前预期的结论一致。

这可能是由于临储政策实施期间主产区大豆通过收储渠道销售，国产大豆供应量较少，大豆价格由政策主导，大豆期货市场受其他因素影响较小，因而大豆市场价格波动相对较小。当实施目标价格补贴政策后，大豆市场价格逐渐放开，大豆价格主要受市场供求关系影响，随着供求关系的变化而波动，外部因素影响增强，改变了投资者对大豆市场价格的预期，更多企业与投资者为控制风险主动进入期货市场进行套期保值，使期货市场主体规模扩大，期货市场价格波动率变大。当转向市场化收购政策后，大豆现货市场由"政策市"转向"市场市"，期货市场流动性增强，信息传导机制更健全，在一定程度上稳定了大豆期货市场价格波动（如表 4 所示）。

表 4　GARCH 模型估计结果

政策期	变量	估计值	标准差	z-Statistic	p 值
临储政策取消前后	C	0.000014	0.000001	15.746660	0.000000
	ARCH 项 α	0.115129	0.007544	15.261960	0.000000
	GARCH 项 β	0.765464	0.011552	66.262190	0.000000
	DV 项 γ	0.000009	0.000001	7.776642	0.000000
目标价格补贴政策取消前后	C	0.000117	0.000006	19.094930	0.000000
	ARCH 项 α	0.361713	0.030687	12.616640	0.000000
	GARCH 项 β	0.427968	0.031526	23.699635	0.000200
	DV 项 γ	−0.000029	0.000005	−5.986519	0.000000

（三）豆粕期货市场 GARCH 模型估计结果分析

从 GARCH 模型估计结果来看，临储政策取消前后及目标价格补贴政策取消前后的 ARCH 项和 GARCH 项均在 1% 的显著性水平下显著。在临储政策取消前后，ARCH 项系数为 0.273601，GARCH 项系数为 0.578341，$\alpha+\beta=0.851942<1$，GARCH 模型较稳定，波动持续性效应较强。且 $\alpha<\beta$，期货市场价格收益率的记忆效应较强，受外部冲击的影响较弱。在目标价格补贴政策取消前后，ARCH 项系数为 0.332117，GARCH 项系数为 0.518564，$\alpha+\beta=0.850681<1$，GARCH 模型较稳定，波动持续性效应较强。且 $\alpha<\beta$，期货市场价格收益率的记忆效应较强，受外部冲击的影响较弱。这说明随着政策干预不断退出，豆粕期货市场价格波动受外部冲击的影响增强，收益率的记忆效应减弱，但记忆效应仍大于外部冲击影响，且局部波动性减弱，异常市场信息的冲击对豆粕期货市场价格波动的影响持续时间减短，衰退速度增强，期货市场价格波动减弱，反应速度增强。

临储政策取消前后虚拟变量 D 的系数 $\gamma_1=0.000051>0$，在 1% 的显著性水平下显著，说明目标价格补贴政策的实施提高了豆粕期货市场的波动率；目标价格补贴政策取消前后虚拟变量 D 的系数 $\gamma_2=-0.000076<0$，在 1% 的显著性水平下显著，说明市场化收购政策的实施进一步降低了豆粕期货市场的波动率，因而市场化收购政策的实施效果更好，这与之前预期的结论一致。这可能是由于大豆、豆粕属于产业链上下游产品，期货市场间有较强的联动性，市场价格波动趋势基本一致，调控政策改革对大豆期货市场价格波动率的影响也会在一定程度上传递到豆粕期货市场，引起豆粕期货市场相应的价格波动，当调控政策由政府主导转向市场主导时，豆粕期货市场价格波动率变化与大豆期货市场价格波动率变化基本一致，都呈现先增加后减少的波动态势。

在豆粕期权上市后，期权虚拟变量 D 的系数 γ_3、γ_4、γ_5 分别为 -0.000024、-0.000026、-0.000095，分别在 5%、5% 和 1% 显著性水平下显著，说明豆粕期权上市确实降低了豆粕期货市场的波动率，且随着成交量增加，影响程度有所增加。豆粕期权目前处在发展的初期阶段，投资者倾向使用豆粕期权控制期货市场上的投资风险，豆粕期权增加豆粕期货市场的信息量，使期货市场更加有效，同时豆粕期权交易也较活跃，能够很好发挥对期货市场的风险控制作用，满足投资者规避风险的需求，从而降低豆粕期货市场价格波动性（如表 5 所示）。

表 5　GARCH 模型估计结果

政策时期	变量	估计值	标准差	z-Statistic	p 值
临储政策取消前后	C	0.000112	0.000032	3.534492	0.000400
	ARCH 项 α	0.273601	0.091575	6.706420	0.000000
	GARCH 项 β	0.578341	0.122802	4.709537	0.000000
	政策 DV 项 γ_1	0.000051	0.000015	3.308117	0.000900
目标价格补贴政策取消前后	C	0.000080	0.000030	2.630553	0.008500
	ARCH 项 α	0.332117	0.023554	4.536133	0.000000
	GARCH 项 β	0.518564	0.189886	2.730918	0.006300
	政策 DV 项 γ_2	-0.000076	0.000015	-5.664682	0.000000
	期权 DV 项 γ_3	-0.000024	0.000018	-2.247451	0.047200
	期权 DV 项 γ_4	-0.000026	0.000021	-2.262368	0.023700
	期权 DV 项 γ_5	-0.000095	0.000010	-9.536502	0.000000

五、期货市场有效性：基于期现货价格关系及溢出效应分析

（一）ADF 平稳性检验及 Johansen 协整检验

不同政策时期大豆、豆粕期现市场价格均为非平稳的时间序列，但其一阶差分都通过了平稳性检验，均为一阶单整过程，即 I（1）。Johansen 协整检验显示，三个政策时期的大豆、豆粕期现市场价格在 5% 的显著性水平下都拒绝零假设，三个政策时期的大豆、豆粕期现市场价格在 1% 的显著性水平下都拒绝零假设，即存在显著的长期均衡关系。这表示三个政策时期的大豆、豆粕期现市场价格间是存在稳定的内在经济联系的（如表 6 所示）。

表 6　Johansen 协整检验

	Trace-Statistic	0.05Critical Value	Prob
Lss1，Lfs1	20.034290	15.494710	0.009600
Lsp1，Lfp1	39.544120	15.494710	0.000000
Lss2，Lfs2	17.605850	15.494710	0.023700
Lsp2，Lfp2	44.151150	15.494710	0.000000

续表

	Trace-Statistic	0. 05Critical Value	Prob
Lss3，Lfs3	23. 519800	15. 494710	0. 002500
Lsp3，Lfp3	44. 137100	15. 494710	0. 000000

（二）均值溢出效应分析

临储政策实施期间，在 5% 的显著性水平下滞后一期的大豆期现市场价格间存在双向传导效应。目标价格补贴政策实施期间，在 1% 的显著性水平下滞后一期的大豆期货市场价格对现货市场价格存在显著影响，而大豆现货市场对期货市场的影响不显著，即大豆期货市场价格对大豆现货市场价格存在单向传导效应。市场化收购政策实施时期，在 5% 的显著性水平下滞后一期的大豆期货市场价格对大豆现货市场价格存在显著影响，而现货市场对期货市场的影响不显著，即大豆期货市场价格对大豆现货市场价格存在单向传导效应，且相较于目标价格政策实施时期，大豆期货市场价格对现货市场价格的影响有所提高。这可能是由于实施临储政策，大豆托市收购价格主导了现货市场价格和期货市场价格，使大豆期现市场价格的相关性较高。在取消临储政策、转向实施目标价格补贴政策后，大豆价格逐渐由市场决定，交易者预期大豆价格将会出现波动，选择利用期货市场对冲现货市场风险，期货市场涌入大批交易者，大豆期货市场规模扩大，价格发现能力提升。且随着市场化收购政策的实施，政策市场化的不断推进，大豆期货市场的价格发现能力进一步提升（如表 7 所示）。

表 7　大豆期现市场价格 VECM 模型估计结果

	临储政策时期		目标价格补贴政策时期		市场化收购政策时期	
	D（Lss1）	D（Lfs1）	D（Lss2）	D（Lfs2）	D（Lss3）	D（Lfs3）
Δecm	−0. 002510	0. 015454	0. 002701	0. 019806	−0. 036213	−0. 021498
	（0. 00263）	（0. 00450）	（0. 000790）	（0. 003720）	（0. 008650）	（0. 032080）
D（LSS*（−1））	−0. 254879	0. 052362	0. 012075	−0. 116195	−0. 009523	−0. 085984
	（0. 026420）	（0. 047800）	（0. 037930）	（0. 177970）	（0. 042390）	（0. 157240）
D（LSS*（−2））	—	—	0. 109878	0. 283676	−0. 040931	−0. 609775
	—	—	（0. 037930）	（0. 177960）	（0. 042320）	（0. 156990）
D（LSS*（−3））	—	—	—	—	−0. 004243	0. 313124
	—	—	—	—	（0. 042040）	（0. 155940）
D（LSS*（−4））	—	—	—	—	−0. 318999	−0. 182372
	—	—	—	—	（0. 042180）	（0. 156470）
D（LFS*（−1））	0. 025989	−0. 171804	−0. 005884	−0. 102921	−0. 007774	−0. 078362
	（0. 014860）	（0. 026880）	（0. 008110）	（0. 038040）	（0. 012510）	（0. 046410）
D（LFS*（−2））	—	—	0. 009004	0. 019483	0. 032842	−0. 032930
	—	—	（0. 008100）	（0. 038000）	（0. 012510）	（0. 046390）

续表

	临储政策时期		目标价格补贴政策时期		市场化收购政策时期	
	D（Lss1）	D（Lfs1）	D（Lss2）	D（Lfs2）	D（Lss3）	D（Lfs3）
D（LFS*（-3））	—	—	—	—	-0.009646	-0.025032
	—	—	—	—	(0.012430)	(0.046110)
D（LFS*（-4））	—	—	—	—	0.004895	0.082561
	—	—	—	—	(0.010000)	(0.050000)
C	0.000169	0.000261	-0.000168	-0.000282	-0.000188	-0.000328
	(0.000160)	(0.000280)	(0.000120)	(0.000550)	(0.000140)	(0.000520)

　　临储政策实施期间，在 5% 的显著性水平下豆粕期现市场价格间存在显著的双向传导效应。在目标价格补贴政策实施期间，在 5% 的显著性水平下滞后一期的豆粕期货市场价格对现货市场价格存在显著影响，在 10% 的显著性水平下滞后一期的豆粕现货市场价格对期货市场价格存在显著影响，即豆粕期现市场价格间存在双向传导效应。在市场化收购政策实施时期，在 5% 的显著性水平下，滞后一期的豆粕期货市场价格对现货市场价格存在显著影响，而现货市场价格对期货市场价格的影响不显著，即豆粕期货市场对豆粕现货市场存在单向传导效应，且相较于目标价格政策实施时期，豆粕期货市场对现货市场的影响有所提高。与大豆期现市场间传导效应基本一致（如表 8 所示）。

表 8　豆粕期现市场价格 VECM 模型估计结果

	临储政策时期		目标价格补贴政策时期		市场化收购政策时期	
	D（Lsp1）	D（Lfp1）	D（Lsp2）	D（Lfp2）	D（Lsp3）	D（Lfp3）
Δecm	-0.005576	0.016090	-0.042191	0.062438	-0.069656	0.079496
	(0.001090)	(0.005840)	(0.009470)	(0.020470)	(0.015890)	(0.033920)
D（LSP*（-1））	0.113110	0.337789	0.208424	0.130159	0.248491	0.324161
	(0.027180)	(0.145480)	(0.038490)	(0.083150)	(0.049080)	(0.104770)
D（LFP*（-1））	0.013574	-0.020589	0.040123	-0.070684	0.041413	-0.148614
	(0.005170)	(0.027650)	(0.019310)	(0.041720)	(0.025280)	(0.053960)
C	0.000135	0.000163	-0.000362	-0.000453	-0.000294	-0.000124

（三）波动溢出效应分析

　　在临储政策实施期间，大豆、豆粕期现市场价格间均存在显著的双向波动溢出效应；在目标价格补贴政策实施期间，大豆期现市场价格间存在显著的双向波动溢出效应，豆粕期货市场价格对现货市场价格存在单向波动溢出效应；在市场化收购政策实施期间，大豆期货市场价格对大豆现货市场价格存在单向波动溢出效应，豆粕期现市场价格间仍存在显著的双向波动溢出效应（如表 9 所示）。

表 9 BEKK-GARCH 模型

		临时收储		目标价格补贴		市场化收购	
大豆市场	A（1，2）	-0.050785	0.000000	-0.037039	0.004766	0.016912	0.724789
	A（2，1）	0.006937	0.217989	0.000521	0.630952	-0.000298	0.874583
	B（1，2）	-0.069567	0.000000	-0.036307	0.004194	-0.088760	0.363913
	B（2，1）	0.044391	0.000000	0.002895	0.003930	0.016897	0.000000
豆粕市场	A（1，2）	0.008398	0.463551	-0.027830	0.227758	0.027089	0.498574
	A（2，1）	0.005187	0.008640	0.066202	0.000033	0.089138	0.000027
	B（1，2）	-0.131566	0.000000	0.047905	0.069131	0.082534	0.074407
	B（2，1）	-0.003821	0.424585	-0.084527	0.000001	-0.128545	0.000000

对大豆期现市场价格间波动溢出效应进行 Wald 检验发现，临储政策实施和目标价格补贴政策实施时期，对 H_0：$a_{12}=b_{12}=a_{21}=b_{21}=0$、$H_0$：$a_{12}=b_{12}=0$、$H_0$：$a_{21}=b_{21}=0$ 的 Wald 检验的 Chi-Squared 值均在 5% 的置信水平下显著，因此，当实施临储政策和目标价格补贴政策后，大豆期现市场价格间均存在双向波动溢出效应。在市场化收购政策实施时期，对 H_0：$a_{12}=b_{12}=a_{21}=b_{21}=0$ 和 H_0：$a_{21}=b_{21}=0$ 的 Wald 检验的 Chi-Squared 值均在 1% 的显著性水平下显著；对 H_0：$a_{12}=b_{12}=0$ 的 Wald 检验的 Chi-Squared 值不显著，拒绝原假设，因此当实施市场化收购政策后，大豆期货市场对现货市场价格存在单向波动溢出效应。这可能是因为临储政策实施期间，大豆期货市场价格与现货市场价格受临储价格影响，价格波动并不取决于市场供求关系，而是围绕托市价格，使两个市场间的联动性较强，相互的波动溢出效应较明显。随着政策干预逐渐退出，大豆价格逐渐取决于市场供求关系，现货市场价格波动变大，同时为应对市场风险，参与期货投资风险厌恶者越来越多，期货市场不断完善，其价格发现功能也不断提高，这使相较于大豆现货市场价格对期货市场价格的影响，大豆期货市场价格对现货市场价格影响更为显著。

对豆粕期现市场价格间波动溢出效应进行 Wald 检验发现，在实施临储政策时期和实施市场化收购政策时期，对 H_0：$a_{12}=b_{12}=a_{21}=b_{21}=0$、$H_0$：$a_{12}=b_{12}=0$、$H_0$：$a_{21}=b_{21}=0$ 的 Wald 检验的 Chi-Squared 值均在 5% 的显著性水平下显著，因此，当实施临储政策和目标价格补贴政策后，豆粕期现市场价格间均存在双向波动溢出效应。在目标价格补贴政策实施时期，对 H_0：$a_{12}=b_{12}=a_{21}=b_{21}=0$ 和 H_0：$a_{21}=b_{21}=0$ 的 Wald 检验的 Chi-Squared 值均在 5% 的置信水平下显著；对 H_0：$a_{12}=b_{12}=0$ 的 Wald 检验的 Chi-Squared 值不显著，拒绝原假设，即豆粕现货市场对大豆期货市场不存在波动溢出效应。因此当实施目标价格补贴政策后，豆粕期货市场价格对豆粕现货市场价格存在单向波动溢出效应。这可能是因为豆粕期货市场发展较为成熟，能够比豆粕现货市场更快接收到市场上的利好与利空消息，对现货市场的影响力更大一些，由临储政策转向目标价格补贴政策后，市场价格放开，利好因素使豆粕期货市场价格下调幅度小于现货市场价格，因而豆粕期货市场价格波动单向传递至现货市场。随着目标价格改革试点期结束，逐渐转向市场化收购，价格的市场化使得豆粕现货市场对期货市场的价格波动传递能力增强，因而这个时期豆粕期现市场呈双向波动溢出（如表 10 所示）。

表 10　Wald 检验结果

品种	政策阶段	假设	H_0：$a_{12}=b_{12}=a_{21}=b_{21}=0$	H_0：$a_{12}=b_{12}=0$	H_0：$a_{21}=b_{21}=0$
大豆市场	临时收储	Chi-Squared	120.422943	48.350318	93.229142
		p 值	0.000000	0.000000	0.000000
	目标价补	Chi-Squared	23.716653	10.441456	8.705324
		p 值	0.000091	0.005403	0.012873
	市场化收购	Chi-Squared	267.058640	2.526593	205.771434
		p 值	0.000000	0.282720	0.000000
豆粕市场	临时收储	Chi-Squared	234.155718	212.217392	8.204915
		p 值	0.000000	0.000000	0.016532
	目标价补	Chi-Squared	35.390157	3.361904	29.954385
		p 值	0.000000	0.186197	0.000000
	市场化收购	Chi-Squared	69.009080	5.295314	50.015689
		p 值	0.000000	0.070817	0.000000

（四）动态相关关系分析

在三个政策时期，大豆、豆粕期现市场价格的 α 值与 β 值均在 1% 的置信水平下显著，会受到前期外部随机扰动和前期条件系数对本期期现市场价格的影响，两者相关密切状态具有一定的持续性。在大豆市场上，目标价格补贴政策实施期间大豆期现市场价格的前期外部随机扰动及前期条件相关系数的影响都比临储政策实施期间大，尤其是外部随机扰动的影响。这可能是由于相较于目标价格补贴政策时期，临储政策实施期间的大豆价格受政策指导，期现市场价格波动较小，市场机制也没有得到充分发挥。而市场化收购政策时期大豆期现市场价格的前期外部随机扰动影响比目标价格补贴政策时期小，前期条件相关系数的影响比目标价格补贴政策时期大。这可能是由于市场化收购政策时期，市场进一步开放，政策干预逐渐退出，大豆价格倒挂现象得以缓解，完善的市场机制使得期现市场价格更多受市场价格本身影响，价格发现有效性得到提升。在豆粕市场上，豆粕期现相关性在临储政策时期受外部随机扰动影响更大。在目标价格补贴政策时期受条件相关系数的影响更大，前期外部随机扰动的影响较临储政策时期有所下降，前期条件相关系数的影响比临储政策时期大。在市场化收购政策时期，前期外部随机扰动影响与前期条件相关系数的影响较目标价格补贴政策实施时期均有所提高，且两种影响较均衡。

α+β 表示波动的持续性，可以反映波动的衰减速度，一般 α+β<1，且 α+β 越接近于 1，表明波动的衰减速度越慢，波动趋势在未来持续的时间就越长。在大豆市场上，目标价格补贴政策实施期间与市场化收购政策实施期间，大豆现货市场价格和期货市场价格 α+β 均大于 0.99，接近 1，且在 1% 的显著性水平下显著，说明期现市场价格波动的衰减速度缓慢，波动持续时间更长，价格波动受到前期的影响较大；而实施临储政策期间，α+β 值较小，说明该时期大豆期现市场价格波动持续期较短。在豆粕市场上，三个政策时期的豆粕现货市场价格和期货市场价格 α+β 均大于 0.99，接近 1，且都在 1% 的显著性水平下显著，说明期现市场价格波动的衰减速度缓慢，波动持续时间更长，价格波动受到前

期的影响较大；其中，当由临储政策转向目标价格补贴政策时，豆粕期现市场价格波动持续性增强、由目标价格补贴政策转向市场化收购时，豆粕期现市场价格波动持续性下降（如表示 11 所示）。

表 11　DCC-GARCH 模型

品种	政策阶段	Variable	Coeff	Std Error	T-Stat	p 值
大豆市场	临时收储	ARCH 项 α	0.100965	0.032367	3.119400	0.001812
		GARCH 项 β	0.229897	0.059049	3.893310	0.000099
		α+β	0.330862			
	目标价补	ARCH 项 α	0.473664	0.024546	19.297260	0.000000
		GARCH 项 β	0.520452	0.025064	20.765170	0.000000
		α+β	0.994116			
	市场化收购	ARCH 项 α	0.429221	0.004701	91.299070	0.000000
		GARCH 项 β	0.561152	0.006850	86.294960	0.000000
		α+β	0.990373			
豆粕市场	临时收储	ARCH 项 α	0.752341	0.028302	26.582860	0.000000
		GARCH 项 β	0.234664	0.029059	8.075460	0.000000
		α+β	0.987005			
	目标价补	ARCH 项 α	0.316183	0.034325	9.211400	0.000000
		GARCH 项 β	0.676657	0.035693	18.957950	0.000000
		α+β	0.992840			
	市场化收购	ARCH 项 α	0.438500	0.039048	11.229650	0.000000
		GARCH 项 β	0.538089	0.043179	12.461820	0.000000
		α+β	0.976589			

六、结论与政策建议

当前，粮食调控政策市场化改革不断推进，粮食期货市场的资源配置能力日益凸显，利用期货市场整合粮食市场信息，平抑粮食现货市场价格波动对推动粮食市场化进程，减少粮食市场的不确定性风险至关重要。本文以大豆、豆粕为例，采用 VECM 模型和BEKK/DCC-GARCH 模型，分别从价格传导关系与波动溢出效应两方面对调控政策改革背景下粮食期货市场有效性进行了研究。研究发现四个问题：

一是调控政策由政府主导转向市场主导后，改变了大豆、豆粕期货市场价格波动性，且豆粕期权上市后有效降低了豆粕期货市场的波动率；二是不同政策时期，大豆、豆粕期货市场与现货市场间均存在价格相关性，且传导关系发生变化，均由期现市场价格间的双向传导效应转向大豆期货市场价格对现货市场价格的单向传导效应；三是调控政策由政府主导转向市场主导后，大豆、豆粕期现市场价格间的双向波动溢出效应变成了期货市场价格对现货市场价格的单向波动溢出效应；四是调控政策的转型会引起大豆、豆粕期货市场价格发现能力的变化，市场开放程度越高，期货市场价格发现能力越强。目标价格补贴政策实施期间与市场化收购政策实施期间，大豆现货市场价格和期货市场价格波动的衰减速度缓慢，波动持续时间更长，价格波动受到前期的影响较大；而临储政策实施期间，期现市场价格波动持续期较短。三个政策时期，豆粕现货市场价格和期货市场价格波动的衰减速度缓慢，波动持续时间更长，价格波动受到前期的影响较大。

　　基于此，本文提出三项政策建议：一是深化粮食调控政策市场化改革，优化粮食市场价格传导机制。推进市场化收购政策实施，提高大豆、豆粕市场间价格传导机制效率。二是加强大豆、豆粕期货市场交易制度建设，优化大豆、豆粕期货市场结构。优化大豆、豆粕期货合约适当性规则，建立与期权期货市场相匹配的有效机制，满足产品对冲需求。三是完善衍生品市场相关法律法规体系，加强监管和风险控制，规避可能引起的大豆、豆粕市场混乱，保障大豆、豆粕市场合规有序运行。

参考文献

　　[1] Premalata S. Do Futures and Options Trading Increase Spot Market Volatility in India? The Case of S&PCNX Nifty [J]. International Journal of Business Performance and Supply Chain Modelling, 2010, 2 (2): 291-302.

　　[2] Engle R F, Granger C W J, Kraft D. Combining Competing Forecasts of Inflation Using A Bivariate Arch Model [J]. Journal of Economic Dynamics & Control, 1984, 8 (2): 151-165.

　　[3] Johansen S. Statistical Analysis of Cointegration Vectors [J]. Journal of Economic Dynamics and Control, 1988 (12): 231-254.

　　[4] 刘庆富，王海民. 期货市场与现货市场之间的价格研究——中国农产品市场的经验 [J]. 财经问题研究，2006 (4): 44-51.

　　[5] 华仁海. 现货价格和期货价格之间的动态关系：基于上海期货交易所的经验研究 [J]. 世界经济，2005 (8): 34-41.

　　[6] 闫云仙. 中国玉米期货市场价格发现功能的实证分析——基于有向无环图的应用 [J]. 中国农村经济，2010 (7): 39-46.

　　[7] Haigh M S. Cointegration, Unbiased Expectations, and Forecasting in the BIFFEX Freight Futures Maret [J]. Jounrnal of Futures Markets, 2000, 20 (6): 545-571.

　　[8] 戴鹏，汤晓怡，曾文娟. 中国豆粕期货市场价格发现功能及动态演变——基于动态 Granger 因果检验的经验分析 [J]. 湖南农业大学学报（社会科学版），2019 (4): 10-16.

　　[9] 肖小勇，李崇光，黄静. 农产品期货价格波动关联——基于日频数据和关联测量新框架 [J]. 农业技术经济，2019 (1): 25-39.

　　[10] 宋博，尚晨曦. 最低收购价政策改革背景下小麦期货市场价格发现功能再检验 [J]. 价格月刊，2020 (5): 15-21.

　　[11] 庞贞燕，刘磊. 期货市场能够稳定农产品价格波动吗——基于离散小波变换和 GARCH 模型的实证研究 [J]. 金融研究，2013 (11): 126-139.

　　[12] 王秀东，刘斌，闫琰. 基于 ARCH 模型的我国大豆期货价格波动分析 [J]. 农业技术经济，2013 (12): 73-79.

　　[13] 吴桐桐，王仁曾. "一带一路"中美大豆价格传导路径：贸易与期货的冲击效应对比研究 [J]. 新疆农垦经济，2020 (4): 48-57.

［14］张有望，李崇光．农产品价格波动中的金融化因素分析——以大豆、食糖为例［J］．华中农业大学学报（社会科学版），2018（5）：86-93+164-165．

［15］曹萍萍，廖宜静．中国农产品期货市场价格与现货市场价格关系研究——以玉米期货为例［J］．哈尔滨师范大学社会科学学报，2018（3）：76-80．

［16］刘金珠．中国豆粕现货与期货市场价格动态传导关系研究［J］．价格理论与实践，2018（7）：75-78．

［17］杨晨辉，刘新梅，魏振祥．中国农产品期货与现货市场之间的信息传递效应［J］．系统工程，2011（4）：10-15．

［18］黄太洋．中国粮食期货市场与现货市场联动机理分析——基于对大豆、玉米、小麦、籼稻粮食品种的实证分析［J］．价格理论与实践，2013（1）：77-78．

A Research on The Effectiveness of Grain Futures Market Under The Background of Grain Regulation Policy Reform: Based on The Analysis of Soybean And Soybean Meal Data

Li Guang-si, Chen Xin-tian

(*Center for Food Security and Strategic Studies, Nanjing University of Finance and Economics,*

Nanjing, 210003, China)

Abstract: In this paper, VECM model and BEKK/DCC-GARCH model were respectively constructed based on the daily current market price data of soybean and soybean meal on November 1, 2008 and March 31, 2019. The effectiveness of futures market of soybean and soybean meal under the background of regulatory policy reform was studied from the perspectives of price transmission relationship and fluctuation spillover effect. The results showed that the conduction relationship between soybean and soybean meal was changed when the regulation policy was changed from government to market. The market regulation policy makes the two-way fluctuation spillover effect between soybean and soybean meal current market price become the one-way fluctuation spillover effect between futures market price and spot market price. In addition, the transformation of regulatory policies will lead to changes in the price discovery ability of the futures market of soybean and soybean meal. The higher the degree of market opening, the stronger the price discovery ability of the futures market and the more effective the market will be.

Key Words: Control Policies; Soybean; Soybean Meal; Futures Market Price; Spot Market Price

"麦强粉弱"背景下粮食价格非对称传导研究[①]

周绯璠

（南京财经大学 粮食安全与战略研究中心，江苏 南京 210003）

摘 要： 针对粮食市场近年来出现的"麦强粉弱"现象，通过选取 2010 年 1 月至 2018 年 12 月小麦收购价格与面粉批发价格数据，运用脉冲响应函数、非对称误差修正模型着重分析小麦收购价格变化时，面粉批发价格的反应机制。研究发现，当小麦收购价格上升时，面粉批发价随之上升的幅度较小；当小麦收购价格下跌时，面粉回落的速度较快。成品粮市场所表现出的垄断竞争的市场结构可能是"麦强粉弱"现象形成的一部分原因。另外，国家宏观调整政策也是麦粉价格传递呈现非对称性的一大原因。最后提出相应发展对策。

关键词： 麦强粉弱；价格非对称；斯威齐模型

一、引言

"民以食为天，食以粮为源"。大米和面粉作为我国主要成品粮，其价格不仅与消费者息息相关，也关乎着粮食加工主体的经济效益和粮食市场的健康运行。

在原粮价格问题上，国家从保障种粮农民利益的角度出发，2005 年在南方部分地区首次启动稻谷最低收购价政策，2006 年在小麦主产区启动小麦最低收购价政策。从政策效果来看，在最低收购价政策的推动下，我国粮食总产实现"十二连增"，对于稳定粮食生产，保障农民收入起到了一定的支撑作用，但托市收购政策的负面效应也日益凸显。我国原粮与成品粮的价格波动出现了异常，粮食市场中反复出现"麦强粉弱""稻强米弱"现象，即相较于原粮价格而言，成品粮价格波动过于僵化。以麦粉价格为例，在 2015～2016 年，小麦收购价格市场波幅高达 10.37%，同期面粉批发价格波幅仅为 2.07%，且小麦价格涨幅普遍高于面粉。

价格波动疲软虽然对于缓解成品粮上涨压力，维持下游市场价格的稳定性有一定的积极作用，但对粮食加工业却产生较大冲击（赵霞，2016）。面对上游原粮价格因不断强化的价格支持政策而呈现的波动性上涨局面以及下游成品粮表现出的价格疲软现象，粮食加工业获利空间被逐步压缩，这不仅会降低粮食加工企业收购原粮的积极性，影响粮食流通

① 收稿日期：2020-10-15

基金项目：江苏省研究生科研与实践创新计划"成品粮价格刚性与'稻强米弱'现象分析——基于扩展的斯威齐模型"（KYCX19_ 1450）。

秩序，造成政府财政负担和粮食仓储压力，长期发展下去也会逆向抑制原粮价格走势，影响上游农民的生产积极性。因此，理顺成品粮价格波动特征以及原粮与成品粮之间相关价格的传导效应对粮食产业的发展具有重要的现实意义。

二、文献综述

在价格传递的非对称性研究中，Mitchell（1946）将应对扩张性冲击而进行的价格向上调整比为应对类似规模的收缩性冲击而进行的价格向下调整更大、更快的模式称为"正向"非对称性。与之相反，应对收缩性冲击而进行的价格向下调整比为应对类似规模的扩张性冲击而进行的价格向上调整更大、更快的模式被称为"负向"非对称性。在实证分析中有关价格传递的非对称性研究所涉及的产品类型较为广泛，从书籍和光盘到各种食品、计算机硬件、抵押贷款、消费品和汽油等。Andre Gao 等（2009）利用 OFHEO 房价指数和 Case-Shiller 房价指数两个大型面板数据集，应用自回归滑动平均（ARMR）模型，分析了周期性（或波动性）和非周期性（或平稳性）两种显著不同类型市场的房价动态。结果表明：周期性市场具有较大的 AR 系数，且上升周期的 AR 系数大于下降周期。因此房价有可能在上涨的市场中超过均衡水平，而在下跌期间呈现出"正向"非对称性特征。Abdulai（2002）利用阈值协整检验以及非对称误差修正模型对瑞士的生产者与零售猪肉价格进行了比较分析，发现导致利润率下降的生产者价格上涨，比导致利润率上升的生产者价格下跌，能够更快地传导到零售价格。Hannan 和 Berger（1991）通过对银行存款利率的设定研究发现，与外生变量对其产生负向冲击相比，当外生变量对其产生正向冲击时，银行存款利率表现出了更强的价格刚性。

在农产品价格传导的非对称研究中，目前关于农产品价格非对称问题的研究主要集中在两个方面：一方面是农产品价格的横向传导研究；另一方面是农产品价格传递的纵向研究。横向传导研究主要是分析国内外相关农产品的价格传递。杨茜、武舜臣（2015）从贸易路径和期货路径两个角度出发，研究发现小麦国际价格对国内价格传导表现出对称性。赵荻非等（2016）通过协整检验和阈值非对称误差修正模型，发现小麦和大米的国际、国内价格之间不具有联动性，而玉米和大豆之间存在价格传导的非对称性，表现出国际价格向国内价格的单向传导。韩磊（2018）借助门限自回归模型从长期和短期两个角度研究了国内外粮价的非对称传导关系，从长期来看，国际稻谷、玉米以及大豆价格变动的45.1%、52.8%、67.6%会分别传导到国内市场，但从短期来看，只有稻谷国际价格变动才会迅速传导到国内市场。

在农产品价格传递的纵向研究上，大量学者对我国的禽畜、蔬菜、粮食产业链的价格传递进行了研究。马彦丽（2017）借助脉冲响应函数、误差修正以及非对称误差修正模型，对中国奶业纵向关联市场的价格传导进行分析，研究发现牛奶零售价格对应于上游价格上涨的传递敏感于上游价格下跌。苗齐（2016）发现，南美大豆价格与中国豆油价格之间存在着"负向非对称"价格传导机制，我国豆油价格对南美进口价格下跌反应较快，对价格上涨反应慢。这表明我国大豆榨油产业链竞争比较激烈，豆油价格存在粘性。张有望（2015）从蔬菜生产者福利视角出发，运用非对称误差修正模型（APT-ECM）对我国蔬菜产业链多环节间价格逆向传递研究发现，价格的非对称传递会使蔬菜生产者福利受损，导致其在零售价格上涨时获利少，并在零售价格下跌时亏损多。武舜臣（2016）与刘婷（2019）分别采用非对称误差修正以及非对称 GARCH 模型对稻米产业链价格传递特征进行了研究，结果表明，大米批发价格对于稻谷收购价格的负向冲击的反应程度大于正向冲击的反应程度。

在农产品价格非对称传递的影响因素方面，现有研究主要从市场结构、政策干预以及产品属性三个角度进行分析。在市场结构方面，马彦丽（2017）指出，中国乳品加工环节的寡头垄断以及养殖业市场的"原子结构"是牛奶零售价格对于上游价格上涨的传递敏感于上游价格下跌（即"正向"非对称性）的主要原因。但也有学者提出相反意见。Ward（1982）指出，当厂商处于非竞争性的市场中时，产业链上下游并非一定会产生"正向"的价格传递，一些垄断竞争或寡头厂商不愿因提高价格而失去市场份额，在这种情况下，市场结构会带来"负向"的非对称传递。在政策干预方面，全世文（2016）基于静态预期模型分析了国家在储备政策干预下生猪产业链价格的非线性传导，研究发现，储备肉政策使猪粮价格传导产生了显著的阈值效应，而生猪价格的短期回调机制在价格上行区间强于下行区间。在产品属性方面，张晓敏（2012）认为，农产品的易腐特性会加剧农户和流通商市场力量的对比程度，使产业链间价格传递出现非对称现象。

在麦粉产业链的相关研究中，王宁（2008）与刘艺卓（2015）对小麦与面粉价格之间的传导特征进行了研究，一致认为麦粉市场一体化程度发展较好，价格信息在两个市场可以实现自由传递，不存在价格传导的非对称现象。也有学者得出不同结论，张益（2018）基于 LSTR 模型分析发现，在非线性制度下，面粉价格变动对小麦影响更大；赵霞（2014）通过构建 DCC-GARCH 模型发现，麦粉市场间的低关联性所造成的市场分割切断了小麦与面粉之间的价格传导机制；李雪（2018）通过门限误差修正模型研究得出，面粉价格向长期均衡的调整速度快于普通麦价格，普通麦和面粉市场间呈现出一种相分割的状态。

可以看出，不同学者研究得出的结论不一致，可能是研究对象或模型选择上的不同导致。另外，大多数学者倾向于计量模型实证分析，较少深入分析麦粉产业链下游成品粮在面对上游原粮价格变动时所呈现出的价格波动特征及其原因。基于此，本文通过构建 VAR 向量自回归模型，在协整检验基础上构建脉冲响应函数和非对称误差修正模型，着重研究当小麦收购价格变化时，面粉批发价格的反应机制，并分析其原因。

本文剩余部分的安排如下，第三部分是数据与研究方法；第四部分为实证分析；第五部分分析麦粉价格出现非对称传递的主要原因，第六部分为结论及政策建议。

三、数据与研究方法

（一）数据来源与统计分析

本文将小麦收购价格作为上游原粮价格的代表，面粉批发价格作为下游成品粮价格的代表。考虑到数据的可得性和可比性，两者价格的时间跨度为 2010 年 1 月至 2018 年 12 月。小麦收购价格与面粉批发价格数据都来源于布瑞克数据库。

图 1 为 2010 年 1 月至 2018 年 12 月小麦与面粉价格的总体变化趋势。其中，小麦与面

粉价格分别从 2010 年 1 月的 78.69 元/50 公斤、102.65 元/50 公斤上涨至 2018 年 12 月的 122.84 元/50 公斤、157.00 元/50 公斤，6 年间分别上涨了 56.11%和 52.95%（见图 1）。可以看出，小麦与面粉价格总体表现为稳定上涨趋势，说明两者之间可能存在协整关系。

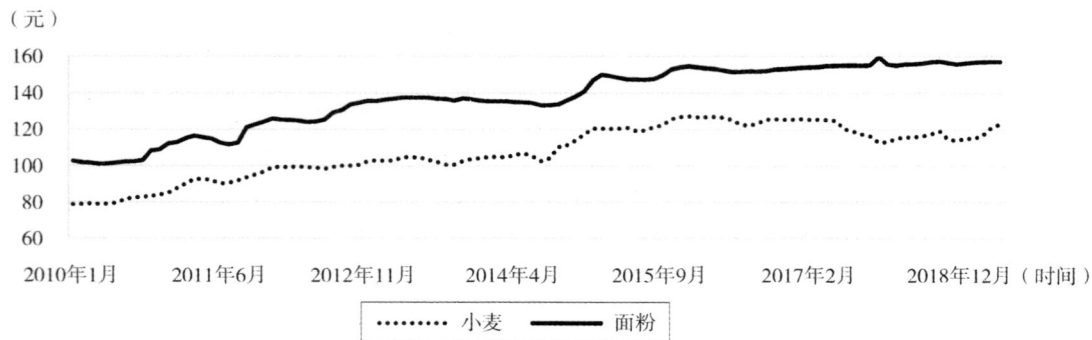

图 1　小麦与面粉价格走势

图 2 为小麦与面粉价格的波动率，虚线代表小麦价格的波动率，实线代表面粉价格的波动率。可以看出，除个别月份面粉价格波动幅度较为明显之外，其余月份的价格波动幅度与小麦相比有一定的收敛趋势。由以上分析可知，小麦价格与面粉价格之间的传导存在一定的非对称效应。

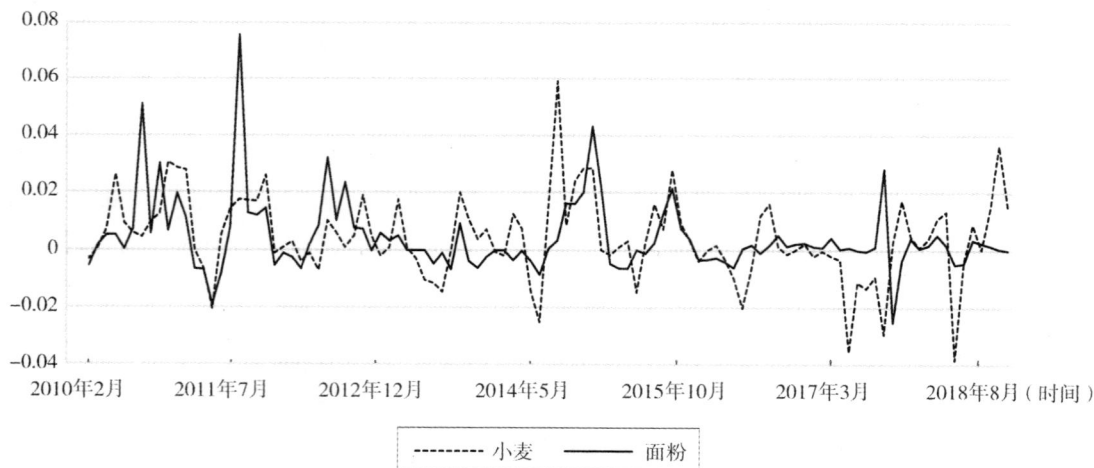

图 2　小麦与面粉价格波动率

（二）模型设定

本文通过构建 VAR 向量自回归模型和非对称误差修正模型，实证研究小麦收购价与面粉批发价的非对称传导效应。

VAR 模型是由多元时间序列变量组成的"向量"自回归模型，用来估计联合内生变量的动态关系。向量自回归模型把系统中每一个内生变量作为系统中所有内生变量的滞后值的函数来构造模型。式（1）与式（2）为小麦收购价格和面粉批发价格 VAR 向量自回归模型。通过构建脉冲响应函数解释变量间相互作用效应。

$$\ln PP_t = \alpha_0 + \alpha_1 \ln PP_{t-1} + \cdots + \alpha_p \ln PP_{t-p} + \varphi_1 \ln RP_{t-1} + \cdots + \varphi_p \ln RP_{t-p} + \varepsilon_t \tag{1}$$

$$\ln RP_t = \gamma_0 + \gamma_1 \ln RP_{t-1} + \cdots + \gamma_p \ln RP_{t-p} + \delta_1 \ln PP_{t-1} + \cdots + \delta_p \ln PP_{t-p} + \mu_t \tag{2}$$

非对称误差修正模型运用变量分离技术，将价格冲击分为正、负向两种，反映价格间传导效应。

$$\Delta \ln PP = \alpha_1^+ ecm_{t-1}^+ + \alpha_1^- ecm_{t-1}^- + \sum_{i=1}^{n} \alpha_{2i} \Delta \ln PP_{t-i} + \sum_{i=0}^{n} \alpha_{3i}^+ \Delta \ln RP_{t-i}^+ + \sum_{i=0}^{n} \alpha_{3i}^- \Delta \ln RP_{t-i}^- + \tau_t \tag{3}$$

$$\Delta \ln RP = \beta_1^+ ecm_{t-1}^+ + \beta_1^- ecm_{t-1}^- + \sum_{i=1}^{n} \beta_{2i} \Delta \ln RP_{t-i} + \sum_{i=0}^{n} \beta_{3i}^+ \Delta \ln PP_{t-i}^+ + \sum_{i=0}^{n} \beta_{3i}^- \Delta \ln PP_{t-i}^- + \omega_t \tag{4}$$

四、实证分析

（一）单位根检验与协整检验

本文用 ADF 单位根检验法检验小麦与面粉价格的时间序列在 1% 显著水平下的平稳性。本文用 *PP* 代表小麦收购价格，*RP* 代表面粉批发价格（如表示 1 所示）。

表 1　单位根检验

检验变量	ADF 统计值	1%水平临界值	P 值	结论
PP	−2.0486	−3.4931	0.2660	非平稳
RP	−2.2196	−3.4931	0.2007	非平稳
Δ *PP*	−6.1766	−2.5869	0.0000	平稳
Δ *RP*	−7.4975	−3.4931	0.0000	平稳

检验结果如表 1 所示，原序列 ADF 统计量在 1% 显著水平下均大于临界值，原序列均为非平稳时间序列；经一阶差分后的序列检验结果表明均拒绝原假设，为平稳序列。因此，小麦批发价格与面粉零售价格均为 I（1）序列，两者可能存在协整关系。

本文采用 Johansen 协整检验方法，探讨小麦收购价格与面粉批发价格之间是否具有协整关系。根据 AIC 准则，本文中协整检验滞后阶数为 2。表 2 是 Johansen 协整检验的具体结果。统计量与最大特征根统计量的结果均表明，在 5% 的显著性水平下，小麦收购价格与面粉批发价格之间存在一个协整关系，说明两者之间存在长期稳定的均衡关系。

表 2   协整检验

原假设	迹统计量检验		最大特征根检验	
协整个数	迹统计量	P 值	最大特征根统计量	P 值
None	11. 17827	0. 2008	6. 389181	0. 5638
At most 1 *	4. 789090	0. 0286	4. 789090	0. 0286

(二) 向量自回归模型及脉冲响应分析

通过检验，可以建立小麦收购价格与面粉批发价格的 VAR 模型。本文运用 EViews9 软件，基于 LR、FPE、AIC、SC、HQ 五个常用指标将滞后期确定为 2。

首先利用脉冲响应分析小麦与面粉价格的相互影响。对上述 VAR 模型进行稳定性检验显示该 VAR 模型特征方程所有根的倒数的模型都小于 1，即全部根的倒数值均小于 1，因此 VAR 模型是稳定的，具备脉冲响应函数分析的基础条件。

接下来用脉冲响应函数分析小麦批发价格与面粉批发价格之间的传导效应。图 3 和图 4 反映了小麦收购价格与面粉批发价格在一个标准冲击下的反应路径，用于刻画小麦收购价格以及面粉批发价格的传递速度与强度。

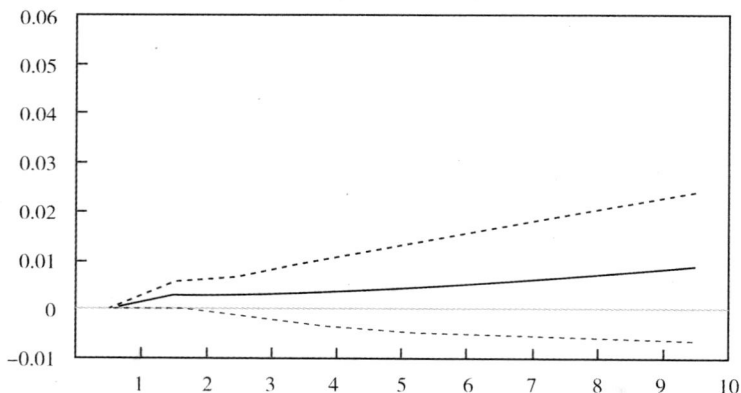

图 3   收购价对批发价冲击的波动响应

根据脉冲响应结果，小麦收购价格与面粉批发价格在受彼此价格冲击时反应速度与强度存在显著差异。由图 3 可知，当批发价格产生一个正向冲击时，收购价格变动出现缓冲。第一期价格没有明显变动，第二期开始缓慢增加，变动较为平缓，但无收敛趋势。说明当下游批发价格发生变动时，上游收购价格变动存在一定程度的滞后效应，但批发价格变动对收购价格的变动具有一定的长期性，即批发价格上涨后，收购价格会连续小幅上涨，易使收购价格常年处于高位。

由图 4 可知，当小麦收购价格产生一个正向冲击时，面粉批发价格会迅速做出反应。前两期上升幅度较大，在第四期达到峰值，然后变动逐渐趋于平缓，说明小麦收购价格上涨会迅速带动下游面粉价格的提高，但与面粉价格上涨对收购价格的影响不同，收购价格变动对批发价格的影响随时间推移逐渐减弱。批发价冲击对收购价波动影响较为长远，收

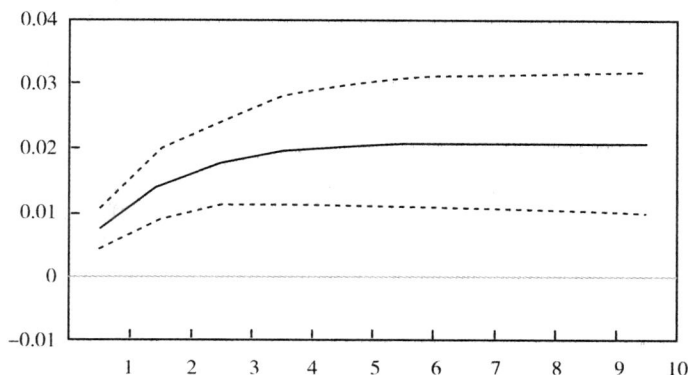

图 4　批发价对收购价冲击的波动响应

购价冲击对批发价波动影响更强、更迅速，但影响期限较短。由以上分析可知，小麦收购价格连续小幅上涨，批发价格逐渐趋于稳定，两者价差逐渐缩小。虽然有利于上游生产者利益的改善，但对于下游加工企业而言，利润会逐渐受损，从长期来看，不利于粮食产业的健康发展。

（三）非对称误差修正模型

通过建立非对称误差修正模型，用于比较产品价格短期偏离后修正力度的差异。根据 AIC 和 SC 最小准则，建立小麦收购价与面粉批发价误差修正模型滞后期为 2。误差修正项系数表示变量短期偏离长期均衡的自我修正能力。$|\alpha^+|>|\alpha^-|$ 表明小麦价格对面粉价格的上涨比下跌敏感；$|\alpha^-|>|\alpha^+|$ 表明小麦价格对面粉价格的下跌比上涨敏感；$|\beta^+|>|\beta^-|$ 表明面粉价格对小麦价格的上涨比下跌敏感；$|\beta^-|>|\beta^+|$ 表明面粉价格对小麦价格的下跌比上涨敏感（如表 3 所示）。

表 3　小麦收购价格与面粉批发价格的非对称误差修正检验

	小麦收购价格方程（ΔPP）			标准粉批发价格方程（ΔRP）	
	系数项	t 值		系数项	t 值
ΔPP_{t-1}	0.3768	3.3434***	ΔRP_{t-1}	0.2125	2.0947**
ΔPP_{t-2}	−0.0417	−0.3451	ΔRP_{t-2}	0.1098	1.0967
ΔRP^+	0.1965	1.5139	ΔPP^+	0.3669	2.7948***
ΔRP^-	0.6887	1.9012*	ΔPP^-	−0.0499	−0.3072
ΔRP^+_{t-1}	0.2127	1.6176	ΔPP^+_{t-1}	0.0592	0.4385
ΔRP^-_{t-1}	−0.4844	−1.2936	ΔPP^-_{t-1}	0.1431	0.8531
ΔRP^+_{t-2}	0.0578	0.4431	ΔPP^+_{t-2}	−0.0628	−0.4579
ΔRP^-_{t-2}	−0.1804	−0.4927	ΔPP^-_{t-2}	0.0107	0.0610
ecm^+_{t-1}	−0.0739	−0.8978	ecm^+_{t-1}	0.0218	−0.3491
ecm^-_{t-1}	−0.0768	−1.0094	ecm^-_{t-1}	−0.2215	−2.5440**
Adj R^2	0.2372		Adj R^2	0.2019	

续表

	小麦收购价格方程（ΔPP）			标准粉批发价格方程（ΔRP）	
	系数项	t 值		系数项	t 值
SC	−5.4351		SC	−5.7520	
AIC	−5.7289		AIC	−6.0301	
DW	1.9970		DW	1.9833	

注：*、**、***分别表示在 10%、5%、1%水平上显著。

由表 3 可知，在以小麦价格为因变量的方程中，自身价格滞后一期波动会对本期价格产生影响，同期面粉价格的负向波动会显著影响小麦价格。在以面粉价格为因变量的方程中，自身价格滞后一期波动会对本期价格产生影响，同期小麦价格的正向波动会显著影响面粉价格。总体来看，尽管本期价格与滞后一期价格波动的影响最为强烈，但滞后期价格波动的影响程度逐渐减弱。

误差修正项系数是判断协整系统中是否存在自我修正机制的依据，其系数绝对值的大小代表了价格调整速度的快慢。通过 WALD 对两个价格模型进行检验，面粉价格方程拒绝原假设，说明面粉价格对小麦价格偏离的上下波动反应是非对称的。在以小麦价格为因变量的方程中，ecm_{t-1}^+ 与 ecm_{t-1}^- 系数的绝对值差别不大且都不显著，表明下游市场中面粉价格无论是涨还是跌，对小麦价格都没有影响。具体来说，面粉价格的下跌并不会传导至上游小麦市场上，面粉加工业同时面对上游市场高价与下游市场低价，利润空间被进一步压缩。在以面粉价格为因变量的方程中，正负误差修正项系数都为负，但只有负项误差修正项系数在 10%水平上显著，且|β^-|>|β^+|，表明面粉价格对小麦价格的下跌比上涨敏感，麦粉产业链中上游环节到下游环节存在"负"的价格非对称传递。具体而言，当小麦价格发生负向偏离时，误差修正项以−0.2215 的调整速度反向影响下一期面粉价格的变动；当小麦价格发生正向偏离时，误差修正项以 0.0218 的调整速度反向影响下一期面粉批发价格的变动。负向偏离对面粉批发的影响大于正向偏离对面粉批发的影响，表现为明显的非对称现象。简言之，小麦批发价下跌时比上涨时更迅速地将价格波动传导至面粉批发价上。实际情况就是当小麦收购价格上升时，面粉批发价随之上升的幅度较小，当小麦收购价下跌时，面粉价格回落的速度较快（如表 4 所示）。

表 4　WALD 检验结论

方程	T 值	P 值	检验结论
小麦价格方程	0.0211	0.9832	不显著
面粉价格方程	1.8038	0.0745	显著

五、麦粉价格非对称传递的原因分析

小麦与面粉价格非对称传递效应的出现，是诸多因素综合作用的结果。本文主要从市场结构以及调控政策两方面进行阐述。

（一）市场结构

本文借助斯威齐模型从市场结构出发，为"麦强粉弱"做出一部分解释。

在完全竞争的假设前提下，产业链上下游间价格传递应该是不会出现非对称现象的。然而当市场出现了垄断或寡占力量时，这种市场力量对某个环节的价格进行干预，才使价格出现非对称现象。斯威齐模型又被称为"拐折的需求曲线"。一般来说，应用斯威齐模型的假设前提是所分析的市场环境为寡头垄断市场，而面粉所处的粮食加工业市场环境呈现一种垄断竞争状态。寡头垄断市场是同时包含垄断和竞争两种因素，但更接近于垄断的一种市场结构。而成品粮市场看作是近似的垄断竞争市场，垄断竞争是同时包含垄断因素和竞争因素而更接近于完全竞争的一种市场结构。基于两种市场都含有垄断以及竞争的因素，所以本文将放开斯威齐模型的假设条件，将寡头垄断市场看成是一种近似的垄断竞争市场，基于扩展的斯威齐模型来解释麦粉市场上价格传递出现非对称的现象。在这里先给出扩展的斯威齐模型的假设条件：如果成品粮市场一个垄断竞争厂商提高产品价格，市场中的其他垄断竞争厂商为保证自己所拥有的市场份额，将不改变其价格水平，所以提价的垄断竞争厂商的产品销量将会下降。但是，如果成品粮市场的一个垄断竞争厂商调低产品价格，市场上的其他垄断竞争厂商将把产品价格降低到同一水平，因此，该垄断竞争厂商产品销量提升有限。

由以上垄断竞争厂商的市场行为将得出扩展的斯威齐模型的曲线。图 5 中 DE 需求曲线表示为行业中一个垄断竞争厂商变动价格而其他垄断竞争厂商保持价格不变时所面临的需求曲线。BC 需求曲线表示行业中所有垄断竞争厂商都以相同方式改变价格时该垄断竞争厂商所面临的需求曲线。假定 A 点是开始时的市场价格，垄断竞争厂商提价所面临的需求曲线为 DA 段，降价所面临的需求曲线为 AC 段。曲线 DAC 就是该垄断竞争厂商最终所面临的需求曲线。由弯折的需求曲线 DAC 就可以得到间断的边际收益曲线 MR_1 和 MR_2，这两段边际收益曲线结合起来就得到该垄断厂商间断的边际收益曲线，FG 为间断部分。

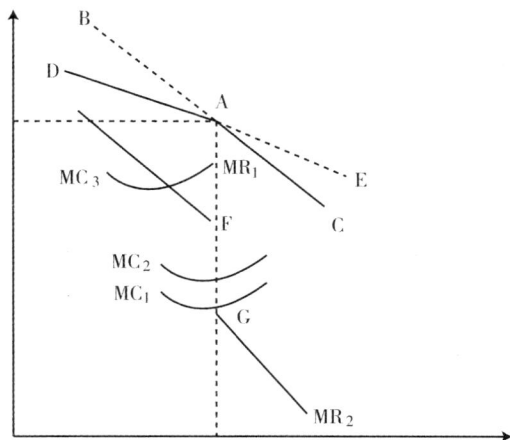

图 5　扩展的斯威齐模型

"麦强粉弱"现象就可以用间断部分的边际收益曲线来说明，即边际成本曲线 MC 在边际收益曲线的间断部分变动的话，垄断竞争厂商所面临的均衡价格就不会改变。例如，在原粮市场中，由于种植成本的不断提高再加上政府不断强化的支持政策进一步提高了原粮收购与销售价格，也就是说成品粮的边际成本在不断提高，图中边际成本曲线由 MC_1 上升至 MC_2，垄断竞争厂商的均衡价格仍然保持在 A 点的水平。

从现实角度来看，截至 2016 年底，我国粮食加工企业数量达到 17935 家，民营企业占比最多，高达 92.42%。面对提价会失去现有市场的情况下，大部分加工企业为保证一定的市场份额，产品价格都奉行"跟跌不跟涨"原则，在上游产品价格上涨的情况下，也不会立即涨价。

（二）调控政策

从市场结构出发，利用扩展的斯威齐模型还不足以解释麦粉之间的价格传递出现非对称现象的原因，还存在什么因素使我国成品粮市场价格发展相对疲软？国家宏观调控政策也是一大原因。目前我国实行的粮食宏观调整政策具有的两重性是使麦粉产业链价格传递出现非对称的原因之一。一方面，为防止"谷贱伤农"，出于保护粮农利益的考虑必然要求粮价合理上涨，特别是在农业生产资料、人工成本大幅增加的情况下，只有较大幅度地提高粮价，才能保证种粮收益，提高农民种粮积极性。最低收购价以及临时收储政策主要体现为这一点。另一方面，政府所采取的行政性限价措施如竞价销售等对粮食市场价格进行干预以维护粮食市场的稳定性。对上游小麦价格而言，2006～2014年，小麦最低批发价稳步上调，累计涨幅达到 76.15%，推动小麦市场价格不断上涨。对下游面粉价格而言，定向销售等措施的实施也在间接影响面粉市场价格。政策性小麦通过定向渠道由承储库点直接销售给加工企业，加工企业按照要求将小麦加工后投放至面粉市场。由于集中开展定向销售工作，一方面，市场上的面粉数量剧增，抑制面粉价格上行；另一方面，销售出库的小麦又要重新及时补库，对小麦的需求量也随之增大，因此，带动了小麦价格的上涨。

六、结论及政策建议

本文利用 2010 年 1 月至 2018 年 12 月小麦收购价格与面粉批发价格数据，通过构建脉冲响应函数与非对称误差修正模型，从长期和短期两个时间维度研究我国小麦收购与面粉批发价格间的传导效应，主要得出以下结论：

从长期来看，小麦收购价与面粉批发价传导之间存在明显差异，批发价冲击对收购价波动影响较为长远，收购价冲击对批发价波动影响更强、更迅速，但影响期限较短，非对称效应缩短了两者之间的价格差。虽然上游生产者利益得到保障，但下游厂商或零售商的利益却受到威胁。小麦收购价格连续小幅上涨，同期面粉价格趋于稳定。

从短期来看，非对称误差修正模型显示，在以小麦收购价格为因变量的方程中，ecm_{t-1}^+ 的绝对值与 ecm_{t-1}^- 的绝对值差别不大，表明面粉批发价格无论是向上波动还是向下波动，小麦批发的调整速度没有明显差异。在面粉批发价的正负误差修正系数中，只有负向误差修正系数显著，说明小麦批发价下跌时比上涨时更迅速地将价格波动传导至面粉批发价上。实际情况就是，当小麦收购价格上升时，面粉批发价随之上升的幅度较小；当小麦收购价格下跌时，面粉价格回落的速度较快。

基于此，本文提出四点建议：一是完善粮食宏观调整政策。粮食产业链价格联动关系较强，产业政策的制定应该兼顾上下游市场主体的利益分配。对于产业链上游来说，应理顺粮食价格形成机制，使价格真正成为反映市场供求的"晴雨表"。具体来看，应尽量减少最低批发价对小麦价格的影响。值得注意的是，从 2015 年开始，小麦最低批发价保持稳定或逐步下调，改变了市场对于政策批发价只涨不跌的预期，弱化了最低批发价"保收入"功能。2019 年，小麦最低批发价第二次"下调"，政策批发的保护力度减弱，市场自发调节的活力逐渐增强。另外，上下游产品价格波动的影响存在一定的滞后性，并且市场调控政策从制定到实施也需要一定的时间，相对于市场的瞬息万变，政策可能存在滞后性。因此，应把滞后效应的影响纳入政策制定的考虑范畴，提高未来调控政策的有效性。二是完善粮食产业链市场监测机制。随着市场化进程的不断加快，除了重视产业链上下游相应产品的价格波动之外，还应完善对相关产品市场价格波动的预警，协同考虑国外粮食价格的波动，提高监测效力。三是打造农企利益共同体。应鼓励粮食收储加工企业与专业合作社、家庭农场、种粮大户等新型农业经营主体签订批发合同。鼓励粮食收储加工企业积极吸收农民以土地经营权等方式入股，形成风险共担、收益共享、长期稳定的利益共同体。四是大力发展粮油食品产业集聚区。通过加强对加工企业的引导与支持，打造一批优势粮食产业集群，以全产业链为纽带，整合现有粮食生产、加工、物流、仓储、销售等资源，鼓励主产区企业到主销区建立营销网络，加强产销区产业合作。推动粮食加工逐步由粮食初级产品向高端产品、特色产品转变。完善粮食精深加工扶持政策，促进粮食企业加大技术改造力度，倒逼落后加工产能退出，进而提高我国民营粮食企业的整体竞争力，维护粮食价格传导机制的畅通。

参考文献

[1] 赵霞，王舒娟，杨茜. 市场结构、市场波动与价格传递——稻米市场波动关联效应研究 [J]. 农业技术经济，2016（1）：98-107.

[2] Burns A, Mitchell W. Measuring Business Cycles [M]. New York：National Bureau of Economic Research，1946.

[3] Gao A, Lin Z, Carrie F. Housing Market Dynamics：Evidence of Mean Reversion and Downward Rigidity [J]. Journal of Housing Economics，2009，18（3）：256-266.

[4] Abdulai A. Using Threshold Cointegration to Estimate Asymmetric Price Transmission in the Swiss Pork Market [J]. Applied Economics，2002，34（6）：679-687.

[5] Hannan H T, Burger N A. The Rigidity of Prices：Evidence from the Banking Industry [J]. The American Economic Review，1991，81（4）：938-945.

[6] 杨茜，武舜臣. 小麦国内外价格传导对称吗？——基于非对称误差修正模型的分析 [J]. 兰州财经大学学报，2015，31（6）：62-67.

[7] 赵涤非，杜晓旭，王月玲. 粮食价格非对称性传导——基于阈值非对称误差修正模型的实证研究 [J]. 价格月刊，2016（3）：17-23.

[8] 韩磊. 国际粮食价格对中国粮食价格的非对称传导——基于门限自回归模型的研究 [J]. 当代

经济科学，2018，40（2）：78-84+127.

　　[9] 马彦丽，孙永珍. 中国奶产业链重构与纵向关联市场价格传递——奶农利益改善了吗？[J].农业技术经济，2017（8）：94-102.

　　[10] 苗齐，吕达奇. 南美大豆价格对我国豆油市场影响分析——基于非对称价格传导的视角 [J].价格理论与实践，2016（12）：116-118.

　　[11] 张有望，李崇光，宋长鸣. 我国蔬菜产业链价格的非对称传递研究 [J].价格理论与实践，2015（11）：88-90.

　　[12] 武舜臣，蒋文斌，曹宝明. 基于价格传导视角的"稻强米弱"成因探析：国际价格冲击抑或产业链传导受阻？[J].当代经济科学，2016，38（4）：117-123+128.

　　[13] 刘婷，曹宝明，李光泗. 粮食价格垂直传递与市场纵向整合——基于国内稻米和大豆市场的比较分析 [J].农业技术经济，2019（2）：99-110.

　　[14] Ward R W. Asymmetry in Retail, Wholesale, and ShippingPricing for Fresh Vegetables [J].American of Agricultural Economics, 1982, 64 (2): 205-212.

　　[15] 全世文，曾寅初，毛学峰. 国家储备政策与非对称价格传导——基于对中国生猪价格调控政策的分析 [J].南开经济研究，2016（4）：136-152.

　　[16] 王宁，司伟，王秀清. 我国北方小麦收购市场与面粉零售市场的整合研究 [J].农业经济问题，2008（6）：33-37.

　　[17] 刘艺卓，蔡海龙. 中国不同市场环节粮食价格传导研究 [J].农业技术经济，2015（6）：66-73.

　　[18] 张益，郝晓燕，韩一军. 我国小麦产业链纵向价格传导及市场整合分析 [J].经济问题，2018（1）：65-70.

　　[19] 张晓敏. 基于易腐性视角的我国农产品非对称价格传递研究 [D].南京农业大学博士学位论文，2012.

　　[20] 赵霞. "麦强粉弱"现象的深层次原因探析——麦粉市场价格波动的动态关联性研究 [J].价格理论与实践，2014（8）：73-75.

　　[21] 李雪，付文阁. 最低收购价政策背景下小麦与面粉价格非对称传导研究 [J].上海农业学报，2018，34（1）：111-117.

Research on Asymmetric Transmission of Grain Price under the Background of "Strong Wheat and Weak Flour"

Zhou Fei-fan

（*Center for Food Security and Strategic Studies of Nanjing University of Finance and Economics*,

Nanjing，210003）

Abstract：In response to the phenomenon of "strong wheat flour weak" in the grain market in recent years，this study selects the wheat purchase price and flour wholesale price data from January 2010 to December 2018，and uses impulse response functions and asymmetric error correction models to focus on wheat The reaction mechanism of the wholesale price of flour when the purchase price changes. The study found that when the purchase price of wheat rises，the wholesale price of flour rises to a smaller extent. When the purchase price of wheat falls，the rate of decline of the flour is faster. The market structure of monopolistic competition shown in the finished grain market may be part of the reason for the phenomenon of "strong wheat flour weak". In addition, the national macro adjustment policy is also a major reason for the asymmetry of wheat flour price transmission. Finally, the corresponding development countermeasures are put forward.

Key Words：Strong Wheat Flour Weak；Price Asymmetry；Sweezy Model

粮食经济研究

2020 年第 2 辑　　FOOD ECONOMICS RESEARCH　　Vol. 6　No. 2

中国粮油加工业的现状及发展前景[①]

薛平平

（金陵科技学院　商学院，江苏　南京　211169）

摘　要：粮油加工业绿色健康发展一直是粮食产业持续性发展的重点内容。本文基于 2008～2016 年我国粮油加工业的基本企业状况、基本经济及技术指标，刻画了当前行业发展状态，由此引出对粮油加工业发展前景的探索，仅供参考。

关键词：粮油加工业；发展前景；发展现状

民以食为天，粮食的特殊性、战略性及基础性一直是国际竞争中的重要一环（刘云，2020）。粮油加工业是粮食产业链中各环节联结的桥梁，其重要地位不言而喻。为深入推进粮食行业供给侧结构性改革，为促进粮油加工业持续性健康发展，为切实保障国家粮食安全，我们必须先厘清中国粮油加工业当前的发展形势，探讨当前粮油加工业发展可能面临的问题及未来发展前景，为找寻粮油加工业健康绿色发展路径奠定基础。

一、中国粮油加工业的发展现状

中国粮油加工行业一般包括大米加工业、小麦粉加工业、食用植物油加工业、玉米加工业、粮食食品加工业、杂粮及薯类加工业、饲料加工业和粮油机械制造业八大类，其中，以粮谷为原料的酒类制造业属于粮食食品加工业，但由于过高的酒类企业利润率会影响对行业发展趋势的具体判断，因此，本文中所有关于粮油加工企业的数据讨论皆未涉及制酒类企业。不同的粮油加工行业显然会具有企业数目、产值、销售收入、研发成果等方面的差异，考虑行业代表性及数据可获性，本文将主要依照三大类指标对几个主要行业发展现状进行相关介绍。

（一）企业数目与结构

国家粮食局流通与科技发展司主编的《粮油加工业统计资料》（2009-2015）和国家粮食局调控司主编的《2015 年粮食行业统计资料》及《2016 年粮食行业统计资料》[②] 中

---

①　收稿日期：2020-12-12

　　基金项目：国家重点研发计划子课题（2017YFD0401401）。

②　尽管两份统计资料来源及统计口径或许会有些许差别，但数据整体趋势一致，并不影响数据整体分析与判断。

相关数据显示，2008~2016 年，各主要粮油加工行业的企业数目总体呈现增长趋势，这在一定程度上说明近十年中国粮油加工业的快速发展（见图 1）。其中，五大主要行业的企业数目均在 2009 年出现最低点，这可能是因为受 2008 年金融危机影响，诸多企业（尤其是中小企业）出现经营困难现象而相继选择退出市场；另外，五大主要行业的企业数量均在 2015 年出现最高点，虽然有一部分原因来自于行业较好的经济发展环境带来的新企业进入，但也有部分原因在于统计 2015 年企业数量时纳入了个体工商户①。具体而言，五大主要加工行业中的大米加工业的企业数量一直处于领先状态，其他四类行业在样本期间的每年企业数目均未超过 5000 家，其中，饲料加工业在 2015 年企业数量为 4039 家，虽已为其他四类行业企业数目在样本年间的最高值，但该数量还远低于大米加工业在 2009 年的企业数目最低值（7687 家）。大米加工业的企业数量庞大可能源于其低技术门槛、低进入壁垒及居民的稳定需求，但行业内以中小企业居多，规模经济的难以实现使诸多小企业只能依单生产，易面临经营不善、部分产能闲置的局面（熊竟宏等，2019）。

相对而言，小麦粉加工业是其他四类主要粮油加工行业中企业数目较多的行业，但其企业数目在 2015 年时被饲料加工业超越，这可能是因为居民生活质量的提高增加了对动物类产品的需求，从而增加了市场对饲料的需求且带动了饲料加工业的发展。食用植物油加工企业和粮食食品加工业的企业数目相对最低，这可能是因为这两类行业产品的加工技术、生产设备要求较高，较高的行业壁垒无形中限制了新企业的进入，在位企业的市场份额随之扩大，当然这也会间接提高在位企业的盈利空间及提高其自身产品质量、积极推动技术开发能力。

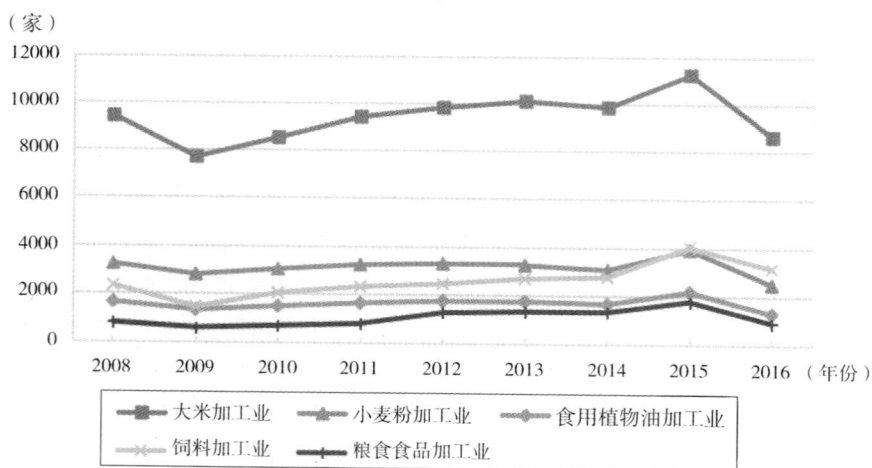

图 1　2008~2016 年各主要粮油加工行业的企业数目

为具体看待各主要粮油加工行业的企业组成，表 1 还展示了 2008~2016 年各主要粮油加工行业内企业所有制分类组成。显而易见，在这五类主要粮油加工行业中，内资非国有

---

①　因为 2016 年统计企业数时并未纳入个体工商户，所以，2016 年的企业数目较于 2015 年下降趋势明显。

企业的数量永远是最多的，国有及国有控股企业的数量则在部分年份部分行业出现低于港澳台商及外商企业数量的情形。具体可见，在大米加工业内，内资非国有企业的数量占据绝对性优势，其在样本期间入统大米加工企业总数量中占比均值为 91.48%，国有及国有控股企业的数量占比均值仅为 8.12%，港澳台商及外商企业数量占比则更微乎其微。此类企业所有制类型分布同样出现于小麦粉加工业中，其内资非国有企业的数量占比在样本期间内均值为 90.23%，国有及国有控股企业的数量占比均值仅为 8.3%，港澳台商及外商企业数量占比均值则为 1.48%。实际而言，这两类行业的加工产品属于满足居民日常最基本需求的商品，关乎居民生存的粮食供应理应最大限度掌握在"自己"手中，而超低的港澳台商及外商企业数量占比也从侧面说明该类行业利润空间狭小。

在食用植物油加工业中，其内资非国有企业的数量仍占据绝对性优势，且在样本期间入统食用植物油加工企业总数量中占比均值为 85.05%，但其国有及国有控股企业的数量与港澳台商及外商企业的数量差异并未像大米加工、小麦粉加工行业那样之大，除了 2015 年国有及国有控股企业的数量比港澳台商及外商企业数量多了 256 家以外，其余年份两类性质企业数量之差均未超过 40 家。而在饲料加工业及粮食食品加工业中，虽然内资非国有企业的数量仍占据主导优势，但在饲料加工业中港澳台商及外商企业数量占比均值为 8.56%，高于其国有及国有控股企业的数量占比均值（3.5%），粮食食品加工业中港澳台商及外商企业数量占比均值为 12.67%，同样高于其国有及国有控股企业的数量占比均值（6%），这两类行业中较高的港澳台商及外商企业数量占比间接说明该类行业利润空间较大，那些原有经营不善的加工企业应调整自身产品结构、积极寻求行业转型，尤其是诸如大米加工类总体数目庞大的企业应努力延伸产品价值链，开发更多有价值、有广泛市场需求的大米类加工食品，而不是局限于初加工类大米产品，以避免企业停滞于低端产能。

（二）基本经济指标与技术指标

各粮油加工行业的现行发展状况还得依赖于其经济状况、技术状况的分析，由此本文结合《粮油加工业统计资料》（2009-2015）、《2015 年粮食行业统计资料》和《2016 年粮食行业统计资料》数据资料列出了表 2 及表 3。首先，表 2 通过展示各主要粮油加工行业的工业总产值、产品销售收入及利润率水平对其经济状况进行整体阐述。总体而言，各主要粮油加工行业的工业总产值均呈整体上升趋势（由于仅有 2015 年纳入了个体工商户，所以该年的相应指标皆出现偏高现象），其中，食用植物油加工业的工业总产值相对最高，但其 2008~2016 年工业总产值的增长率仅为 67.93%，为五大类粮油加工行业中相对最低。在其他加工行业中，饲料加工业的样本期内工业总产值的增速相对最快，高达 310.1%，粮食食品加工业次之（其工业总产值在样本期内的增速为 256.97%），可其工业总产值却是样本期内相对最低，但其与食用植物油加工业的工业总产值差距正逐渐缩减，已由 2008 年的 7.18 倍差距降低到 2015 年的 3.38 倍差距，这也说明粮食食品加工业正成为粮油加工类企业的重点发展方向。

表 1　2008~2016 年各主要粮油加工行业的企业结构

单位：个

年份	大米加工业			小麦粉加工业			食用植物油加工业			饲料加工业			粮食食品加工业		
	国有及国有控股	内资非国有	港澳台商及外商	国有及国有控股	内资非国有	港澳台商及外商	国有及国有控股	内资非国有	港澳台商及外商	国有及国有控股	内资非国有	港澳台商及外商	国有及国有控股	内资非国有	港澳台商及外商
2008	827	8526	41	299	2888	46	123	1400	113	93	1991	226	51	613	131
2009	754	6897	36	259	2491	37	107	1121	93	65	1248	129	44	444	103
2010	799	7679	41	278	2705	44	118	1265	103	84	1754	193	43	537	107
2011	827	8526	41	299	2888	46	123	1400	113	93	1991	226	51	613	131
2012	833	8917	38	254	2991	47	137	1486	111	80	2147	218	75	1058	129
2013	834	9203	35	239	2961	48	141	1502	105	75	2385	225	64	1140	125
2014	749	9045	36	212	2806	48	118	1443	99	71	2462	227	53	1158	122
2015	843	10324	41	408	3469	53	351	1725	95	175	3609	255	181	2162	191
2016	379	8232	23	132	2301	46	101	1119	76	57	2861	227	51	754	107

资料来源：笔者根据《粮油加工业统计资料》（2009~2015）、《2015 年粮食行业统计资料》和《2016 年粮食行业统计资料》自行整理而成。表 2 与表 3 的数据来源与表 1 相同。

表 2　2008~2016 年各主要粮油加工行业的基本经济指标

单位：亿元，%

年份	大米加工业			小麦粉加工业			食用植物油加工业			饲料加工业			粮食食品加工业		
	工业总产值	销售收入	利润率	工业总产值	销售收入	利润率	工业总产值	销售收入	利润率	工业总产值	销售收入	利润率	工业总产值	销售收入	利润率
2008	1535.44	1533.68	1.65	1385.36	1334.9	1.77	3435.44	3429.44	1.3	1498.06	1433.19	2.64	478.69	498.25	5.17
2009	1921.5	1909.2	1.95	1580	1558.1	1.69	3690.8	3622	2.25	1679.5	1649.5	2.61	574.4	614.9	4.99
2010	2805	2875.1	1.84	2251	2223	1.86	4352.1	4310.6	2.43	2975.9	2937.5	2.35	722.7	738.8	5.21
2011	3656.9	3663.6	1.85	2674	2641.1	2.1	5112.9	5158.6	1.51	4003.7	3993.8	2.28	1121.4	1216.3	4.78
2012	4183.8	4190.2	2.05	3136.4	3117.4	2.16	6008.2	5972.2	1.62	4758.8	4725.7	2.51	1787	1800.5	6.02
2013	4507.6	4494.9	2.12	3422.5	3409.8	2.21	6407.9	6277.5	2.15	5407.3	5330.3	2.26	2117.6	2122.8	6.62
2014	4923.1	4857.9	2.05	3457	3447.5	2.16	6289.3	6102.5	0.95	5664.6	5623.8	2.51	2592.7	2769.8	6.41
2015	5742.1	5792.4	3.1	4551.5	4568.3	3.43	6154.6	6011.5	2.08	11684.3	11658.1	3.22	8385.1	8262.5	3.04
2016	4688.9	4658.4	2.34	3435.4	3562.5	2.73	5769.1	5759.1	2.35	6143.6	5947.7	2.33	1708.8	1649.9	8.61

表 3　2008~2016 年各主要粮油加工行业的基本技术指标

单位：件，亿元

年份	大米加工业		小麦粉加工业		食用植物油加工业		饲料加工业		粮食食品加工业	
	专利数量	研发投入	专利数量	研发投入	专利数量	研发投入	专利数量	研发投入	专利数量	研发投入
2008	183	1.27	175	2.27	167	5.61	66	1.81	331	1.13
2009	368	2.9	208	1.9	266	5.4	111	2.0	626	0.9
2010	303	3.7	256	2.5	322	5.2	213	3.8	677	1.8
2011	461	5.3	313	3.1	487	8.8	324	5.1	955	2.4
2012	445	3.5	173	4.9	462	7.5	247	6.5	1071	7.4
2013	575	4.1	290	7.5	617	9.1	623	15.7	1075	12.8
2014	578	4.5	335	5.3	657	13.8	665	15	901	13.9
2015	—	—	—	—	—	—	—	—	—	—
2016	397	6.3	121	6.1	240	11.5	391	18.7	534	12.1

注：由于《2015 年粮食行业统计资料》中未对具体的各行业专利数量、研发投入进行展示，因此，表 3 中缺失 2015 年的相关数据，但这并不影响对行业基本技术指标的趋势分析。

在产品销售收入方面，各主要粮油加工行业的总额及增长率变化与工业总产值指标类似，依然存在食用植物油加工业的产品销售收入总额居榜首且其样本期内增长率相对最低、饲料加工业的样本期内增速高达 315% 等情形，这在一定程度上说明各主要粮油加工行业的销售形势可观，并未出现大面积产品积压。在利润率①方面，大米加工业、小麦粉加工业及食用植物油加工业在 2008~2016 年利润率平均水平在 2% 左右，较为稳定；饲料加工业的利润率水平在样本期内一直处于 2% 以上，所以其样本期内利润率均值在 2.52%；粮食食品加工业的利润水平处于相对最高点，其利润率在样本期内增幅为 66.54%，且样本期内利润率均值高达 5.65%，是食用植物油加工业的样本期内利润率均值（仅为 1.85%，且属于五个加工行业的相对最低）的 3 倍之多。

表 3 则通过展示各主要粮油加工行业的专利数量、研发投入以对行业技术状况进行整体阐述。总体来看，五类粮油加工行业的研发投入呈现总体增长趋势，其中，食用植物油加工行业在 2008~2012 年的研发投入量一直处于领先地位，但在 2013 年开始被研发投入快速增长的粮食食品加工业超越，而粮食食品加工业的研发投入增幅水平在样本期内高达 970.8%。较高的研发投入量下往往伴随着较多的研发产出，本文受数据获取限制而选用专利数量代表相应的研发产出。根据表 3 可见，拥有相对较高研发投入的粮食食品加工业的专利数量在样本期内是五大加工行业中最高的，且分别在 2012 年、2013 年超过了 1000 件专利。与拥有相对最高专利数量却企业总数量相对最少的粮食食品加工业截然不同，大米加工业在 2008~2016 年企业数目远超其他行业，但其行业专利数量、研发投入量却显然处于弱势，该行业内企业在 2016 年平均所获专利数量仅为 0.05 件，同年企业平均研发投入也仅为 7.3 万元，显然技术含量低、研发投入低成为了大米加工业提高利润水平、追求长期持续发展的困扰。

二、粮油加工业的发展前景

基于上述对各主要粮油加工行业的现状分析，可发现粮油加工行业处于整体平稳增长状态，其产业规模、产值、销售收入及研发投入等平稳增长，并形成了以民营企业为主、多元化市场主体充分竞争发展的市场格局，能承担起粮食安全基本保障的重要责任。然而，虽然行业内企业数目众多，但总体规模较小，尤其是进入门槛较低的大米加工业，因利润空间有限、研发投入不足等现象会长期存在低端产能集中、中高端产能不足等问题，显然阻碍了其长期可持续性发展，不利于居民饮食健康需求的长期保障。对于像食用植物油加工业、饲料加工业等行业，受进入门槛较高、技术门槛要求较高等影响，该类行业内企业数目相对较少、单个规模相对较大，这给行业内在位企业提供更广阔的市场规模及利润空间，也成为港澳台商及外商企业主要进入的行业，但长期下去，会存在粮油产品供应链被外商掌握的潜在威胁，会直接影响我国居民粮食安全的基本保障。对此，必须积极探索适合我国粮油加工业转型升级的多元化发展之路，促进我国粮油加工业健康、有序发展，提升粮食产品供给质量，构筑高层次国家粮食安全保障体系。

---

①　利润率＝某年行业利润值/某年行业产品销售收入值。

（一）与世界粮油加工业共同发展

虽然中国粮油加工业发展速度较快，但仍与发达国家的粮油加工业发展水平存在一定距离（姚惠源，2015）。随着国内人口增长、居民生活水平提高及水土资源恶化短缺，国内粮食的长期供求平衡更是无法通过对现有自然资源合理利用、生产加工技术提高等方式得到充分保证。发达国家的粮油加工企业都以提升粮油加工技术为核心，减少对粮食生产资源的浪费，提高粮食资源的利用效率，为后续粮食产业健康绿色发展奠定坚实基础。由此，我国粮油加工企业应及时更新加工业发展理念，学会从市场需求角度出发，在借鉴学习发达国家先进技术的同时，改进研发自身新兴加工技术，调整产品结构、按照世界统一标准确定产品质量等级，争取发展到世界粮油加工业的上游，在确保国内粮食安全保障的同时提高粮油产品在国际市场的占有率。

（二）国内粮油产品市场发展空间大

随着居民生活水平的不断提高，尤其是在 2020 年突发新冠肺炎疫情后，居民对营养健康产品的需求不断激增，迫切要求粮油加工企业加快产品结构升级，给国内粮油加工业转型升级增加了动力，国内粮油产品市场迎来了新的发展空间。因此，粮油加工企业应以市场需求为导向，开发新型的营养均衡、食药同源的加工食品以满足现代人多样化的饮食需求、提升产品竞争力，同时可研制新型酶制剂、丙酮、聚赖氨酸等产品以开发粮油加工非食用产品新领域，这些都有利于企业新旧产能转换、提高企业经营效益。另外，可强化粮油品牌建设，提升品牌产品的附加值，推动国内粮油品牌积极走向世界。

（三）人才队伍建设不断完善

以消费为导向的市场正在飞速变化中，这亟须一支强大的粮食人才队伍作为支撑。为充分做好粮食安全长期保障工作，政府早已致力于打造服务粮食产业各环节的相关人才队伍。例如，鼓励政府机构与具有粮食特色的高校、科研院所共同设立专项人才培养计划，深化"产学研"协同，适时增设粮食和物资储备领域急需的本科专业，强化专业人才供给。同时，对不同岗位的粮食人才配套对应的专项措施（包括定期专业知识技能培训、实践基地交流活动、晋升机制等），既保证各类粮食人才得到深层培养，又能留得住各类人才。不断提升粮食队伍全员素质，充分体现"人尽其才，才尽其用"的原则。

三、结束语

粮油加工业是中国粮食产业的核心环节，经过多年稳步发展，已在一定程度上起到国民粮食安全保障的支撑作用。在新时期高质量发展背景下，粮油加工业面临着新的机遇与挑战，必须认清行业发展现状及前景，采取相应的针对性措施，推动行业转型升级，不断向持续性的绿色健康粮食产业方向前进。

参考文献

［1］刘云．全面提升保障国家粮食安全的能力［N］．经济日报，2020-04-02．

［2］熊竟宏，任新平．我国粮食加工业结构调整优化研究［J］．粮食科技与经济，2019，44（10）：30-31．

［3］姚惠源. 中国粮食加工科技与产业的发展现状与趋势［J］. 中国农业科学，2015，48（17）：3541-3546.

Present Situation and Development Prospect of Chinese Grain and Oil Processing Industry

Xue Ping-ping

(*School of Business, JinLing Institute of Technology, Nanjing, 211169, China*)

Abstract：Green and healthy development of grain and oil processing industry has always been the key content of sustainable development of grain industry. Based on the basic enterprise status, basic economic and technical indicators of China's grain and oil processing industry from 2008 to 2016, this paper describes the current development state of the industry, which leads to the exploration of the development prospect of grain and oil processing industry, for reference only.

Key Words：Grain and Oil Processing Industry；Development Prospect；Development Status

粮食经济研究
FOOD ECONOMICS RESEARCH

2020 年第 2 辑　　　　　　　　　　　　　　　　　　　　　　　　Vol. 6　No. 2

职业特征、信用成本与粮食经纪人借贷行为研究①

邵凯超　　赵璐璐

（南京财经大学　现代粮食流通与安全战略研究中心，江苏　南京　210003）

摘　要： 粮食经纪人是粮食流通市场主体的重要组成部分，但是资金不足抑制了粮食经纪人的发展。本文以生产者行为理论和柠檬模型为基础，利用河南、安徽两个粮食主产省的 311 份调研数据，系统分析了职业特征、信用成本对粮食经纪人借贷行为影响的机理，实证分析了信贷成本、经营类型和资产投入等对粮食经纪人借贷行为的影响。研究发现两个问题：一是粮食经纪人职业特征越明显，经营规模越大，资产购置越多，其越容易发生借贷行为；二是借贷成本受借贷中间人的影响较大，借贷中间人与粮食经纪人的熟悉程度决定了其借贷的交易成本。当借贷的交易成本较低时，粮食经纪人容易发生借贷行为；当借贷的交易成本较高时，粮食经纪人不容易发生借贷行为。

关键词： 粮食经纪人；职业特征；借贷成本

一、引言

粮食经纪人是衔接种粮农户、粮食收储企业和粮食加工企业的重要桥梁（李鑫，2019），是我国粮食流通市场主体的重要组成部分。据中国粮食行业协会统计，2018 年全国粮食经纪人队伍现已超过百万，收购粮食占收购总量的 70%~80%，部分地区高达 95% 左右。而且在今后较长一段时期，粮食经纪人仍是直接从农户手中收购粮食转送给各类企业的主力军、主渠道（任智，2019）。但是以农民兼职为主的粮食经纪人在市场发展中并没有形成规模优势，甚至在一定程度上粮食经纪人是粮食流通市场的弱势群体。形成这一现象的原因是众多的，其中，自有资金不足和借贷成本较高是抑制粮食经纪人市场规模的重要原因。

从自有资金不足的角度分析，粮食经纪人自有资金不足的根源在于其职业构成多为农户兼职，受收入约束，农户兼职粮食经纪人自有资金无法满足经营需要，导致其经营规模处于小而散的状态。通过翻阅文献可以发现，自 2004 年国务院明确提出粮食经纪人概念以来，粮食经纪人已持续发展了 16 年。但目前我国粮食经纪人依旧没有形成规模经营的

①　收稿日期：2020-11-15
　　基金项目：2020 年江苏省研究生科研创新（编号：KYCX20_ 1274）；职业特征、信用成本与粮食经纪人借贷行为研究。

状态，各地粮食经纪人经营模式和经营规模基本与以往保持相同的业态，导致这种现象的根源是粮食经纪人在经济过程中存在巨大的资金缺口。

从借贷成本的角度分析，粮食经纪人的借贷成本高，抑制了粮食经纪人的发展。形成这一现象的原因主要有两点：一是农村地区信用制度的缺失，使经营活动在农村的粮食经纪人很难从农村正规金融机构得到借款；二是现有粮食收储金融服务政策未能把粮食经纪人纳入到扶持主体中，虽然粮食经纪人在粮食流通体系中占据重要地位，但粮食经纪人既无法享受到粮食风险基金的资金扶持，又无法享受到政策性银行优惠贷款的业务服务，甚至一些地方的粮食经纪人无法享受到商业银行的优惠政策贷款服务。借贷利率的扭曲、资金供求的不均衡和信用工具的不足严重制约了粮食经纪人的发展规模和发展速度（李莉莉，2005）。

资金与借贷成本影响了粮食经纪人的规模发展，如何获得资金支持和降低借贷成本将是促进粮食经纪人规模发展的重要环节。本文以粮食经纪人职业特征和信用成本为约束条件，分析粮食经纪人的借贷行为。与已有研究相比，本文的贡献主要体现在两点：一是研究视角的创新，以往的研究主要集中在对粮食经纪人的概念和现状上，从职业特征的角度分析粮食经纪人的借贷行为还比较少；二是方法的创新，本文以生产者行为理论和柠檬模型为基础，构建一个粮食经纪人借贷行为模型，并对其进行分析。本文的结构安排如下：第二部分为文献回顾，第三部分为理论分析与研究假设，第四部分为研究设计，第五部分为实证分析，第六部分为结论及建议。

二、文献回顾

职业特征决定了粮食经纪人的经营特点，目前对粮食经纪人职业特征的研究主要集中在个人特征、职业构成和经营类型三个方面。在个人特征方面，岳明（2018）通过调研湖北武汉江夏区粮食经纪人现状发现，粮食经纪人以男性为主，年龄集中在 40 岁左右，并且受教育程度都比较有限，穆中杰（2015）、李彦光（2018）等也得出相同的结论。在从业人员职业构成方面，绝大部分学者认为，我国粮食经纪人是由农民组成的（穆中杰，2015；王旭等，2017；岳明，2018）。马云风（2014）通过调研黑龙江粮食经纪人情况得出，黑龙江省 70%~80% 的粮食经纪人为农民兼职。李彦光（2018）通过调研江苏省粮食经纪人现状得出，目前江苏省 70% 的粮食经纪人为农民兼职。在粮食经纪人经营类型方面，穆中杰（2015）认为，河南省粮食经纪人大致可以分为三类，分别为流动贩运型、做店收购型和协会型。在此基础上，王珣（2017）认为，粮食经纪人主要分为运输型、仓储型和经营型。总的来看，年龄、性别、职业构成以及经营类型构成了粮食经纪人的职业特征，而这些特征不仅主导了粮食经纪人的经营风格和目标，也决定了粮食经纪人是否发生借贷行为。

借贷行为及其成本决定了粮食经纪人的经营规模，但目前关于粮食经纪人借贷行为方面的研究还比较少，已有文献主要从借方或者农村正规金融视角进行出发，研究金融支持政策与粮食经纪人发展关系（李鑫，2019 等），而从贷方的视角研究粮食经纪人借贷行为和成本的文献还比较少。虽然对粮食经纪人借贷行为及成本的研究比较少，但从职业构成方面来看，农民是粮食经纪人主要的构成部分，国内外学者们对农民借贷行为的研究还是比较丰富的。从利润最大化的角度来看，农户借贷取决于自身风险偏好和资金的收益率（Long，1968），但自身风险偏好和资金的收益率受借贷个人特征和所在地区金融环境影响巨大（Iqbal，1983），当借贷农户家庭收入、生产经营特征和金融素养较高时，农户的借贷行为发生率则较高（韩俊，2007；邢大伟，2019；程郁，2009）。而地区金融环境决定了农户借贷的成本，按照金融抑制的观点，在发展中国家农村金融体系是发展滞后的，滞后的农村正规金融体系导致过高的交易成本和不完善的信贷配给机制，影响了农户对借贷成本预期，从而产生了需求型信贷约束（程郁，2009）。最终导致中等及以上收入水平农户获得正规贷款的机会较多，低收入群体获得信贷机会则较少（刘西川，2014）。总的来看，借贷行为取决于自身风险偏好和所在地区金融供给情况，而借贷成本受农村地区正规金融供给不足影响，导致交易成本和受益群体呈结构性偏差（刘西川，2014）。

　　在研究方法方面，目前国内学者们主要采取 Probit 模型和 Tobit 模型分析农民借贷行为。韩俊等（2007）采用 Probit 模型和 Tobit 模型分别考察了各经济变量对农户信贷需求和需求规模的影响。程郁（2009）采用 Probit 模型分析土地、人力资本以及当地企业数量对农户借贷的影响。刘西川（2014）采用 Tobit 模型考察了发达地区农户正规信贷需求及其对利率的弹性。邢大伟（2019）采用 Logit 模型研究金融素养、家庭资产对农民借贷行为的影响。

　　已有文献关于粮食经纪人职业特征、农户借贷行为及其研究方法为本文的研究奠定了坚实的基础。但受限于数据，国内学者对粮食经纪人借贷行为的研究并不多。本文在已有文献的基础上，在理论方面，本文以柠檬模型和生产者行为理论为基础，分析职业特征、信用成本对粮食经纪人借贷行为的影响；在数据和实证方面，本文以河南省和安徽省 311 份调研数据为基础，利用 Probit 模型，分析了信贷成本、经营类型和资产投入等因素对粮食经纪人借贷行为的影响。

三、理论分析与研究假设

　　本文基于 Akerlof 模型和生产者行为理论构造一个粮食经纪人借贷行为模型。假定粮食经纪人追求利润最大化，则有 $\pi(P, Y) = TR - TC$，其中，π 表示粮食经纪人所获利润，P 表示粮食经纪人售粮价格，Y 表示粮食经纪人售粮数量，TR 表示经营规模，TC 表示经营成本。

（一）借贷行为与经营规模

　　在经营成本方面，假定粮食经纪人资金成本 $TC = F(C_1, C_2)$，其中，C_1 为粮食自有资金和自有资产，C_2 表示借贷资金和购置资本。在粮食经纪人 C_1 一定的情况下，C_2 的大小决定了粮食经纪人的经营规模。因此对 C_2 求导，可得 $\partial F(C) / \partial C_2$。当 $\partial F(C) / \partial C_2 > 1$ 时，借贷成本增加有利于粮食经纪人扩大经营规模，即借贷资金与经营规模呈边际报酬递增。当 $\partial F(C) / \partial C_2 = 1$ 时，借贷资金与经营规模呈边际报酬不变。当 $\partial F(C) / \partial C_2 < 1$ 时，借贷资金与经营规模呈边际报酬递减。

　　资金或资本决定了经济主体的经营规模，根据 C-D 生产函数可知，$F(K, AL) = K^\partial AL^{1-\partial}$，其中，$K$ 表示资本，A 表示技术，L 表示劳动。令 $k = K/AL$，k 为单位有效劳动资本，则 C-D 生产函数可化简为 $f(k) = k^{\partial}$，即单位有效劳动资本的边际效率决定的产出。而对于粮食经纪人来讲，资金不足抑制粮食经纪人的发展（穆中杰，2015），粮食经纪人通过借贷资金能有效弥补自身资金不足的问题，此刻 $\partial > 1$，即 $\partial F(C)/\partial C_2 > 0$，借贷成本增加有利于粮食经纪人扩大经营规模，即借贷资金与经营规模呈边际报酬递增。

（二）职业特征与经营规模

假定 $C_2 = A^S Hr$，其中，A 表示粮食经纪人所购置资产，S 表示粮食经纪人职业特征，H 表示不同借贷渠道的成本评价参数，r 表示借款人的成功或者失败，成功时 $r = 1$，失败时 $r = 0$。对 A 进行求导可得：$\partial C_2(A)/\partial A = SA^{S-1}Hr$，即当 $S > 1$ 时，S 与 A 呈递增函数；当 $S < 1$ 时，S 与 A 呈递减函数；当 $S = 1$ 时，A 表示常数。

（三）借贷成本与借贷行为

通过以上分析，可以得出粮食经纪人收益为：$\pi = TR - (C_1 + A^S Hr)$，受约束条件为：$TR = PY$，按照利润最大化条件 $MC = MR$ 可得：

$$P \frac{\partial f(y^*)}{\partial y} - SA^{S-1}Hr = 0$$

假设 S 与 A 均等于1，H_1 表示粮食收储政策的优惠利率（无息或者低息），H_2 表示正规金融机构的贷款利率，H_3 表示非正规金融机构的贷款利率，可得：

当 $H > H_1$ 时，$P \frac{\partial f(y^*)}{\partial y_i} - H_1 r > 0$，即粮食经纪人具有超额收益；

当 $H = H_2$ 时，$P \frac{\partial f(y^*)}{\partial y_i} - H_2 r = 0$，即粮食经纪人处于均衡状态；

当 $H < H_3$ 时，$P \frac{\partial f(y^*)}{\partial y_i} - H_3 r < 0$，即粮食经纪人处于不经济状态。

由以上分析可知，职业特征、信用成本与粮食经纪人借贷行为有密切的联系。从分工的角度分析，粮食流通市场化程度越高，职业特征越明显，粮食经纪人交易效率越高。而粮食经纪人为使效用最大化，必然会增加专用性资产的投入，专用性资产的增加是粮食经纪人提高交易效率、扩大经营规模的基础，也是职业特征的具体表现。基于此，本文提出假设1：

H1：职业特征越明显，粮食经纪人越容易发生借贷行为。

从借贷动机的角度分析，粮食经纪人以盈利性借贷为主，但借贷成本影响了粮食经纪人的借贷行为。当借贷成本高于预期性盈利时，粮食经纪人处于不经济状态，借贷资金反而会增加其亏损；当借贷成本低于预期性盈利时，粮食经纪人具有超额收益；当借贷成本等于预期性盈利时，粮食经纪人处于均衡状态，借贷资金只会扩大其经营规模。现实生活中，由于我国粮食收储制度对小麦和稻谷实行最低价收购政策，对玉米实行价补分离政策，对大豆实施目标价格政策，粮食收储政策保证了粮食经纪人不必过于担心粮食市场价格的波动，从而粮食经纪人获得借贷资金会扩大其经营规模。基于此，本文提出假设2：

H2：借贷成本越低，粮食经纪人越容易发生借贷行为。借贷成本越高，粮食经纪人越不易发生借贷行为。

影响借贷成本的因素不仅是利率，人缘关系也是另一个影响借贷成本的重要因素（程郁、罗丹，2009）。在农村地区，金融市场存在信息的不对称，一方面是粮食经纪人由于认知的有限和信息的缺失，使粮食经纪人不能全面了解农村金融机构的贷款政策与优惠；另一方面是由于农村信用制度的缺失导致农村金融机构无法获得粮食经纪人的风险与盈利信息，出于资金安全性的考虑，农村金融机构会谨慎考虑是否为粮食经纪人发放贷款。粮食经纪人与借款机构双向的信息缺失，导致粮食经纪人在借贷行为中需要利用人缘关系降低其借贷成本。

H3：粮食经纪人人缘关系越丰富，其借贷成本越低。粮食经纪人人缘关系越简单，其借贷成本越高。

四、研究设计

（一）数据来源

本文数据来源为 2020 年 6~8 月对安徽省和河南省的调研数据，选择 6~8 月对安徽省和河南省进行调研的原因主要有两点：一是河南省和安徽省是我国小麦的主产区，并以家庭经营为单位，为粮食经纪人的经营提供了条件；二是 6~8 月是河南和安徽小麦成熟期，此时粮食经纪人交易比较活跃。

本文通过随机调研的方式获取调研数据，其中，一部分数据来源于中国农业发展银行阜阳分行与相关粮库（点）及粮食企业关于夏粮收购贷款调研项目，另一部分数据主要来源于中国邮政储蓄银行周口分行夏粮风暴项目。本次调研数据总计发放调查问卷 450 份，回收问卷 354 份，剔除填写有误、不完整的部分，最终获得有效问卷 311 份，问卷回收率和有效率分别为 78.66% 和 69.11%。

（二）变量选取

本文的研究主题为职业特征、信用成本对粮食经纪人借贷行为的影响，因此，被解释变量为粮食经纪人的借贷行为，解释变量按照理论分析包括粮食经纪人职业特征和借贷成本，具体如下：

在粮食经纪人职业特征方面，按照王珣（2017）对粮食经纪人的分类，把粮食经纪人分为运输型、仓储型和经营型。按照分类对受访群体进行赋值，其中，"运输型粮食经纪人"为 0，"仓储型粮食经纪人"为 1，"经营型粮食经纪人"为 2。按照岳明（2018）对粮食经纪人个人特征的统计思路，将年龄和从业时间作为粮食经纪人较为稳定的个人特征进行统计。在年龄方面，20~30 岁赋值为 0，30~40 岁赋值为 1，40~50 岁赋值为 2，50 岁以上赋值为 3；在从业时间方面，5 年以内赋值为 0，5~10 年赋值为 1，10 年以上赋值为 2。按照粮食经纪人经营行为特征，把资产购置和活动范围也纳入到了经营特征中。其中，在资产购置方面，把 5 万元以内赋值为 0，5 万~10 万元赋值为 1，10 万元以上赋值为 2。在活动范围方面，设置为三个级别，其中，"本乡镇活动"赋值为 0，"本县区"赋值为 1，"本地市及以上"赋值为 2。如表 1 所示。

表 1　变量赋值及相关含义

变量	变量符号	样本	变量含义
资金来源	debit	311	自有资金=0，亲朋借贷=1，银行借贷=2
借贷成本	dcost	311	认为借贷成本低=0，可接受=1，高=2
借贷中间人	dmid	311	亲朋熟人介绍=0，网络信息=1，自己寻找=2
经营类型	type	311	运输型=0，仓储型=1，经营型=2
年龄	old	311	20~30 岁=0，30~40 岁=1，40~50 岁=2，50 岁以上=3
从业时间	wtime	311	5 年以内=0，5~10 年=1，10 年以上=2
活动范围	rang	311	活动时间在本乡镇=0，本县区=1，本地市及以上=2
资产支出	outc	311	5 万元以内=0，5 万~10 万元=1，10 万元以上=2

在信贷成本方面，按照刘西川（2014）提出的利率影响农户贷款的思路，本文把粮食经纪人所能接受的利率分为三个等级，认为借贷成本低的赋值为 0，可接受的赋值为 1，较高的赋值为 2。按照程郁（2009）的研究，我们把借贷关系纳入到问卷中，其考察来自借贷中间人类型，熟人及亲朋为 0，网络获知为 1，自己询问为 2。

（三）模型构建

基于以上分析，本文运用粮食经纪人微观调查问卷中的数据，选取粮食经纪人职业特征、借贷成本等相关变量，采用 Probit 分析方法分析粮食经纪人借贷行为的影响因素，并将回归模型设定如下：

$$\ln(\frac{\text{prob}(Y_i)}{1-\text{prob}(Y_i)}) = \beta_0 + \beta_1 dcost + \beta_2 dmid + \beta_3 type + \beta_4 old + \beta_5 wtime$$
$$+ \beta_6 rang + \beta_7 outc + \varepsilon_i \qquad (1)$$

式（1）中，Y 表示粮食经纪人借贷行为发生的概率，$dcost$ 表示借贷成本，$dmid$ 表示借贷中间人，$type$ 表示粮食经营类型，old 表示年龄，$wtime$ 表示从业时长，$rang$ 表示活动范围，$outc$ 表示购置资产支出。

五、实证分析

（一）变量描述性统计

表 2 为变量的描述性统计。从表 2 中可以看出，被解释变量粮食经纪人借贷行为均值为 0.9486，标准差为 0.8135，说明粮食经纪人在资金方面更倾向于以自有资金和亲朋借贷为主。按照样本的统计，样本中 35.6% 的粮食经纪人是以自有资金进行经营的，33.7% 的粮食经纪人与亲朋好友发生过借贷行为，仅有 30.5% 的粮食经纪人在正规农业金融机构发生过借贷。这直接说明粮食经纪人整体还是比较缺乏资金支持的，但农村正规金融不足制约了粮食经纪人的借贷行为，这与温铁军、刘西川等得出的农村正规金融制约了农村经济发展的结论一致。

表 2　描述性统计

变量	均值	标准差
资金来源（*debit*）	0.9486	0.8135
借贷成本（*dcost*）	1.3280	0.5917
借贷中间人（*dmid*）	0.4855	0.7863
经营类型（*type*）	0.3151	0.5481
年龄（*old*）	1.5273	0.5834
从业时间（*wtime*）	0.9293	0.5915
活动范围（*rang*）	0.5469	0.6561
资产支出（*outc*）	0.8220	0.7670

在信用成本方面，借贷成本均值为 1.3280，标准差为 0.5917，说明多数粮食经纪人认为借贷成本中等偏高。按照样本统计，仅 6.4% 的粮食经纪人认为借贷成本低，54.3% 的粮食经纪人认为借贷成本可以接受，而 39.2% 的粮食经纪人认为借贷成本较高。借贷中间人均值为 0.4855，标准差为 0.7863，说明绝大多数粮食经纪人认为熟人关系能够帮他们取得成本更低的贷款。按照样本统计，69.7% 的借贷中间人为亲朋好友，11.8% 的借贷中间信息获得是通过网络，18.3% 的借贷中间人为粮食经纪人主动联系的银行员工。

在职业特征方面，粮食经纪人经营类型均值为 0.3151，标准差为 0.5481，说明运输型粮食经纪人占总样本的绝对优势，其中样本的 72.6% 为运输型粮食经纪人，23.1% 为仓储型粮食经纪人，4.1% 为经营型粮食经纪人。粮食经纪人活动范围均值为 0.5469，标准差为 0.6561，说明粮食经纪人的活动范围主要集中在本乡镇和本县区，其中活动范围在本乡镇的占比 54.3%，在本县区的占比 36.5%。资产支出均值为 0.8220，标准差为 0.7670，说明粮食经纪人对资产的支出主要集中在 5 万~10 万元。

（二）相关性分析

为判断解释变量之间是否存在多重共线性，本文首先进行了解释变量相关性检验，从表 3 中可知，解释变量之间相关系数最高为 0.4586，低于 0.5。因此可以得出，样本数据不存在多重共线性问题。

表 3　解释变量相关性分析

变量	*dcost*	*dmid*	*type*	*old*	*wtime*	*rang*	*outc*
dcost	1						
dmid	0.1766	1					
type	0.0881	0.1453	1				
old	0.0767	− 0.0255	0.084	1			
wtime	0.0296	− 0.1687	0.0292	0.1365	1		
rang	− 0.0939	0.034	0.2649	0.0236	− 0.0622	1	
outc	− 0.0216	0.0692	0.2269	0.0466	0.0208	0.4586	1

（三）实证结果分析

本文采用稳健标准误 Probit 模型进行估计，估计结果如表 4 所示，其中，模型（1）为仅加入信用成本变量的估算结果，模型（2）为仅加入职业特征变量的估算结果，模型（3）为加入全部解释变量的估算结果。从表 4 中可得，各模型的 Pseudo R^2 分别为 0.041、0.054 和 0.062，可知随着样本数据的不断增加，整个模型的拟合性在不断提高。

在信用成本方面，从模型（1）和（3）中可以发现，借贷成本估算与粮食经纪人借贷行为呈正相关关系，即粮食经纪人发生借贷行为的概率越高，借贷成本越高，而借贷中间人变量的回归结果不显著。产生这样的差异可能是因为借贷成本决定了粮食经纪人是否借贷资金，借贷行为产生的越多，借贷成本则越多。由于借贷中间人不涉及资金的交易，导致在回归过程中呈现不显著的特征。

在职业特征方面，从模型（2）和（3）的估算结果可以得出，粮食经纪人经营类型和资本支出与粮食经纪人借贷概率呈显著正相关。而年龄、从业时间和经营范围在估算中不显著。形成这样的结果可能是粮食经纪人的经营类型与资本投入都需要资金的投入，经营类型越高级，资产购置越多，粮食经纪人借贷行为越容易发生。而年龄、从业时间和经营范围由于均为粮食经纪人个人特征，不涉及资金的往来，导致在估算过程中不显著。

表 4　粮食经纪人借贷行为 Probit 模型估算结果

变量	（1）	（2）	（3）
dcost	0.506 ***		0.505 ***
	(3.99)		(3.90)
dmid	0.025		－ 0.017
	(0.26)		(－ 0.17)
type		0.332 **	0.277 *
		(2.17)	(1.81)
old		－ 0.132	－ 0.175
		(－ 0.96)	(－ 1.27)
wtime		0.066	0.065
		(0.54)	(0.51)
rang		－ 0.143	－ 0.091
		(－ 1.07)	(－ 0.66)
outc		0.180 *	0.189 *
		(1.65)	(1.69)
_ cons	－0.304	0.346	－0.256
	(－1.72)	(1.38)	(－0.85)
N	311	309	309
Pseudo R^2	0.041	0.054	0.062

注：* 、** 、***分别表示在 10%、5%和 1%水平上显著相关；括号中为 z 值。

在表 4 回归结果的基础上，我们对借贷中间人和从业时间两个变量进行控制，其中，表 5 中模型（1）（2）（3）分别是 dmid 为 0、1、2 的结果。从模型（1）（2）（3）的结果可以发现，借贷中间人决定了粮食经纪人借贷行为的交易成本，当中间人为亲朋好友时，借贷成本与经营类型均与粮食经纪人借贷行为呈显著正相关；而当中间人为网络和银行员工时，经营类型和年龄与粮食经纪人借贷行为呈显著负相关或者不相关。这说明在粮食经纪人活动区域，借贷关系决定了借贷的交易成本，当借贷的交易成本过高时，粮食经纪人就会减少借贷行为；当借贷的交易成本较低时，粮食经纪人会增加借贷行为。

模型（4）（5）（6）为控制了从业时间的估算结果，其中模型（4）（5）（6）分别是 wtime 为 0、1、2 的结果。从模型（4）（5）（6）的估算结果可以发现，从业时间越短，粮食经纪人发生借贷行为的概率越大；从业时间越长，粮食经纪人发生借贷行为的概率越小。当粮食经纪人从业低于 5 年时，借贷成本、经营类型和资产投入与借贷概率呈显著正相关。当粮食经纪人从业在 5~10 年时，借贷成本与借贷概率呈显著正相关。当粮食经纪人从业在 10 年以上时，粮食经纪人则更倾向于利用借贷中间人降低借贷的交易成本。这说明粮食经纪人的从业时长在一定程度上决定了其借贷成本与借贷渠道，从业时间越长越不容易发生借贷行为，即使有借贷行为也是选择中间人借贷的形式降低交易成本。从业时间越短越容易发生借贷行为，借贷渠道越偏向于交易成本的渠道。

表 5　粮食经纪人借贷行为异质性估算结果

变量	（1）	（2）	（3）	（4）	（5）	（6）
dcost	0.730 ***	− 1.294 **	0.095	0.974 ***	0.338 **	0.211
	(4.24)	(− 2.40)	(0.30)	(3.35)	(1.96)	(0.49)
dmid				0.132	0.073	− 0.592 *
				(0.67)	(0.56)	(− 1.83)
type	0.996 ***	− 0.850 *	− 0.560 *	0.884 **	0.236	0.074
	(3.68)	(− 1.85)	(− 1.70)	(2.20)	(1.14)	(0.32)
old	− 0.009	− 1.361 **	− 0.592 **	0.216	− 0.166	− 0.686
	(− 0.05)	(− 1.87)	(− 2.07)	(0.58)	(− 1.02)	(− 1.53)
wtime	0.279	− 1.154 *	− 0.0059			
	(1.52)	(− 2.52)	(− 0.02)			
rang	0.028	0.222	− 0.317	− 0.500	− 0.014	− 0.077
	(0.15)	(0.72)	(− 0.84)	(− 1.23)	(− 0.08)	(− 0.23)
outc	0.157	1.157 ***	0.134	0.814 **	0.136	−0.0092
	(1.09)	(3.66)	(0.51)	(2.23)	(1.01)	(−0.04)
_ cons	− 1.134 **	5.250 *	1.650 *	− 1.958 **	−0.089	2.030
	(−2.62)	(2.56)	(2.32)	(−2.59)	(−0.27)	(1.60)
N	215	37	57	66	200	43
Pseudo R^2	0.174	0.385	0.132	0.251	0.041	0.187

注：*、**、***分别表示在 10%、5% 和 1% 水平上显著相关；括号中为 z 值。

（四）进一步分析

为了进一步验证职业特征与信用成本对粮食经纪人借贷行为的影响，本文在 Probit 模型的基础上估算各变量的边际效应。如表 6 所示，借贷行为每提高 1%，借贷成本提高17.62%。经营类型每提高 9.64%，借贷行为提高 1%。资产支出每增加 6.59%，借贷行为提高 1%。总体可得，借贷成本和职业特征均与粮食经纪人借贷行为呈正相关。

表 6   粮食经纪人借贷行为边际效应估算结果

变量	（1）	（2）	（3）
dcost	0. 1804 ***		0. 1762 ***
	(4. 34)		(4. 21)
dmid	0. 0090		− 0. 006
	(0. 26)		(− 0. 17)
type		0. 1207 **	0. 0964 *
		(2. 22)	(1. 84)
old		− 0. 0478	− 0. 0608
		(− 0. 97)	(− 1. 28)
wtime		0. 0241	0. 0228
		(0. 54)	(0. 51)
rang		− 0. 0518	− 0. 0315
		(− 1. 08)	(− 0. 66)
outc		0. 0652 *	0. 0659 *
		(1. 67)	(1. 71)
_ cons	−0. 304	0. 346	−0. 256
	(−1. 72)	(1. 38)	(−0. 85)
N	311	309	309
Pseudo R^2	0. 0414	0. 0243	0. 0619

注：* 、 ** 、 ***分别表示在 10%、5%和 1%水平上显著相关；括号中为 z 值。

（五）稳健性检验

考虑到结果的稳健性，本文尝试采用普通 OLS 方法进行回归，结果如表 7 所示。通过对结果的比较可以得出，OLS 回归结果与 Logit 回归结果基本保持一致。因此，本文的主要结论也是比较稳健的。

表 7   OLS 回归估算结果

	（1）	（2）	（3）
dcost	0. 446 ***		0. 441 ***
	(6. 13)		(6. 05)

续表

	（1）	（2）	（3）
dmid	0.0334		0.0165
	（0.57）		（0.27）
type		0.157*	0.0976*
		（1.79）	（1.18）
old		− 0.0331	− 0.0642
		（− 0.39）	（− 0.77）
wtime		0.00905	0.0123
		（0.11）	（0.16）
rang		− 0.0635	− 0.0108
		（− 0.78）	（− 0.13）
outc		0.123*	0.119*
		（1.84）	（1.86）
_cons	0.340***	0.875***	0.319
	（3.57）	（5.58）	（1.83）
N	311	309	309
R²	0.1099	0.0246	0.1272

注：*、**、***分别表示在 10%、5% 和 1% 水平上显著相关；括号中为 z 值。

六、结论及建议

职业特征、信用成本影响了粮食经纪人的借贷行为。通过分析可知，粮食经纪人职业特征越明显，经营规模越大，资产购置越多，其越容易发生借贷行为。而借贷成本受借贷中间人的影响较大，借贷中间人与粮食经纪人的熟悉程度决定了其借贷的交易成本。当借贷的交易成本较低时，粮食经纪人容易发生借贷行为；当借贷的交易成本较高时，粮食经纪人不容易发生借贷行为。

在研究过程中发现，粮食经纪人的规模小、经营分散以及以农户经营为主的特点，导致粮食经纪人缺少正规农村金融机构所规定的资质，最终使粮食经纪人无法获得正规农村金融的资金支持。想要破除这一困局，一是要正规金融机构对不同类型的农村职业采取差异化的政策措施（刘西川，2014），保证具有经营性质的农村职业能够获得正规农村金融的支持；二是针对缺少正规农村金融机构所规定资质，工商管理部门和农业农村部门应给予粮食经纪人相应的证明、证书或者执照，以帮助其得到正规农村金融机构的认可。

同时在调研走访中发现，粮食经纪人的亲朋关系圈对其经营及借贷有重要的影响。错综复杂的亲朋关系使粮食经纪人在有借款需求时优先考虑所谓的"关系户"，而最终这些亲朋关系帮助了粮食经纪人获得交易成本更低的贷款。这一现象产生的根源可能来自于两点：一是圈子文化千百年来已经深深地嵌入生活的角角落落，这种认识人好办事的思想左右了粮食经纪人的借贷行为；二是双向信息的不对称产生交易成本，即正规农村金融机构不了解粮食经纪人的信息，粮食经纪人也不了解金融机构的优惠政策，双向的不信任导致粮食经纪人更愿意通过中间人进行借贷。想要改善这一情况，应采取以下两项措施：一是建立粮食经纪人的信用档案，并通过评分实时与金融机构共享；二是金融机构应做好借贷政策宣传，支农政策做到最优，减少中间利率的可浮动环节，保证粮食经纪人借款利率最优。

最后在研究过程中还发现，正规农村金融机构给予粮食流通市场主体贷款的利率水平存在较大的差异，这一差异的获益方为粮库或者区域性粮食收储企业，未获益方为粮食经纪人。按照规定，粮库或粮食收储企业可以从中国农业发展银行、农村信用社等金融机构获得低息甚至无息的贷款，粮食经纪人由于缺少政策支持无法享受这一优惠。不公平的政策待遇与粮食经纪人在粮食流通领域的重要地位是不匹配的，想要改变这一局面，一是应该制定基于基层单位的粮食金融扶持政策，让粮食经纪人享受到政策金融的支持；二是建立合作组织，利用合作组织获得相应的资金支持。

总体来讲，职业特征与信用成本影响了粮食经纪人的借贷行为。尽管研究发现经营规模越大粮食经纪人借贷行为越明显，且借贷的交易成本越低粮食经纪人借贷行为越显著，但我们在调研和走访中发现，想要破除粮食经纪人借贷难的困局还是应该从政策扶持、信用建立、信息对称等方面着手。

参考文献

[1] Long M F. Why Peasant Farmers Borrow [J]. American Journal of Agricultural Economics, 1968, 50 (4): 991-1008.

[2] Iqbal Farrukh. The Demands for Funds by Agricultural Households: Evidence from Rural India [J]. Journal of Development Studies, 1983, 20 (1): 68-86.

[3] 李鑫. 信贷支持粮食经纪人的路径探讨 [N]. 金融时报, 2019-12-09 (012).

[4] 邢大伟，管志豪. 金融素养、家庭资产与农户借贷行为——基于 CHFS2015 年数据的实证 [J]. 农村金融研究, 2019 (10): 32-39.

[5] 肖开红. 粮食经纪人互联网采纳行为影响因素研究——基于豫、鲁、陕三省粮食经纪人的调查 [J]. 经济经纬, 2019, 36 (4): 32-39.

[6] 岳明. 江夏区粮食经纪人发展及对策研究 [D]. 中南民族大学硕士学位论文, 2018.

[7] 刘婷. "粮食经纪人" 的产生及其概念分析 [J]. 粮食科技与经济, 2018, 43 (4): 59-60+79.

[8] 马云凤. 关于全省粮食购销经纪人情况的调查报告 [J]. 黑龙江水产, 2018 (1): 18-20.

[9] 王询，张宇驰. 产权、交易费用与粮食经纪人的合约形式——以粮食流通产业为例 [J]. 财经问题研究, 2017 (11): 29-36.

[10] 穆中杰. 河南省粮食经纪人现状调查及其法治引导 [J]. 河南工业大学学报（社会科学版）, 2015, 11 (3): 13-16.

[11] 李彦光，尤晓萍，赵敏. 关于江苏省粮食经纪人发展情况的调查报告 [J]. 中国粮食经济, 2014 (5): 54-57.

[12] 刘西川，陈立辉，杨奇明. 农户正规信贷需求与利率：基于 Tobit Ⅲ 模型的经验考察 [J]. 管理世界, 2014 (3): 75-91.

[13] 程郁，罗丹. 信贷约束下农户的创业选择——基于中国农户调查的实证分析 [J]. 中国农村经济, 2009 (11): 25-38.

粮食经济研究

FOOD ECONOMICS RESEARCH

2020 年第 2 辑

Vol. 6   No. 2

Research on Occupational Characteristics, Credit Costs and Grain Brokers' Borrowing Behavior

Shao Kai-chao, Zhao Lu-lu

(*Collaborative Innovation Center of Modern Grain Circulation and Safety,*

Nanjing University of Finance&Economics, Nanjing, 210003, China)

Abstract: Grain brokers are an important part of the main body of the grain circulation market, but insufficient funds restrain it The development of food brokers. Based on the theory of producer behavior and the lemon model, this paper uses 311 survey data from two major grain producing provinces in Henan and Anhui to systematically analyze the mechanism of occupational characteristics and credit costs on grain brokers' lending behavior, and empirically analyze credit The impact of cost, business type and asset input on the lending behavior of grain brokers. The research found that: ①The more obvious the occupational characteristics of food brokers, the larger the scale of operations, and the more assets they purchase, the more likely they are to borrow; ②The cost of borrowing is greatly affected by the lending intermediary, which is the relationship between the lending intermediary and the food broker. The level of familiarity determines the transaction cost of its borrowing. When the transaction cost of borrowing is low, grain brokers are prone to borrowing. When borrowing costs are high, grain brokers are not prone to borrowing.

Key Words: Food Brokers; Professional Characteristics; Borrowing Costs

粮食经济研究
2020 年第 2 辑　　　　　　FOOD ECONOMICS RESEARCH　　　　　　Vol. 6　No. 2

粮食空间市场整合及其影响因素：
一个文献综述[①]

宋 亮

（安徽农业大学　经济管理学院，安徽　合肥　230036）

摘　要： 空间市场整合是反映一定区域市场化水平、贸易自由化水平和市场效率的重要指标。本文对空间市场整合的定义、内在决定机制、研究方法进行介绍，在此基础上对影响空间市场整合的因素进行系统分析。结合国内现实背景，提出后续研究应该重视国内粮食干预政策对空间市场整合的影响机制分析，为当前正在进行的粮食收储制度改革提供对策建议。

关键词： 空间市场整合；交易成本；粮食政策

自 20 世纪 60 年代以来，粮食空间市场整合问题一直受到学术界的关注。特别是对发展中国家而言，由于基础设施落后和过多的市场干预，较低的空间市场整合程度使粮食价格波动幅度较大、波动频率较高，对农民、消费者和整个社会的粮食安全带来负面影响。由此，大量关于粮食空间市场整合的文献都来自于发展中国家，特别是 Park 等（2002）对中国谷物市场的分析，Getnet 等（2005）对埃塞俄比亚谷物市场的分析，Lutz 等（2006）对越南大米市场的分析，Abdulai（2000）对加纳玉米市场的分析，Ghosh 等（2011）对印度谷物市场的分析，Brosig 等（2011）对土耳其小麦市场的研究，Rapsomanikis 等（2003）对发展中国家经济作物市场之间的空间市场整合的分析。本文尝试对空间市场整合的研究进行介绍，特别分析空间市场整合的影响因素。

一、空间市场整合的定义

市场整合也被称为"市场一体化"，对于市场整合的形式存在两种：垂直市场一体化和水平市场一体化。垂直市场一体化是指产业链上下游之间的整合程度；水平市场一体化是指不同空间市场之间的整合程度（武拉平，1999）。本文研究的市场整合是水平一体化问题，即空间市场整合，空间市场整合为某一个市场价格变化对同一产品在其他市场价格变化的影响，这里的影响涉及影响程度、影响方向和影响速度。从理论上来讲，在完全竞争市场条件下，某产品输出区的价格加上单位成本等于输入区的价格，且输出区的价格变动能够同等影响输入区的价格，同样输入区的价格变动也同等影响输出区的价格。空间市

---

①　收稿日期：2020-12-13

场整合可以分为短期市场整合和长期市场整合。短期市场整合是指某个市场价格的变动能够立即或者在下一期影响到另一个市场价格的变动，短期市场整合能够反映价格变化的即时性和敏感性。长期市场整合是指分隔市场之间存在长期的稳定关系，即使短期空间价格均衡关系被打破，但通过调整空间价格，在长期还是会趋向均衡状态（柏菁，2012）。当然完全空间市场整合是一种理想状态，是建立在完全市场竞争的假设下。

二、空间市场整合的内在决定机制

根据"一价定律"，在有效市场中，同质产品在分隔市场的价格应该是一致的。但由于交易成本的存在，分隔市场之间会存在价差，而价差就等于分隔市场之间的交易成本。如果同质产品在分隔市场之间的价差超过交易成本，那么由于套利机制的存在，商品就会从低价市场转移到高价市场，直到分隔市场之间的价差等于交易成本为止。

当分隔市场被空间套利活动有效连接到一起，即输入地与输出地的市场价格之差小于或等于交易成本时，就可以说分隔市场之间是空间市场整合的。然而，交易成本导致两地价差中性带出现，在价差中性地带内，尽管分隔市场存在价差，但价差却小于交易成本，分隔市场不会存在套利机会。换言之，只有价差超过交易成本所代表的阈值，分隔市场才会存在套利机会，套利行为才会使分隔市场的价格出现收敛趋势；当价差小于交易成本时，分隔市场之间的价格不会产生联系。由此，如果交易成本越小，中性带就越窄，跨市场套利就越容易，空间市场整合度越高。反之，如果跨地区交易成本越大，中性带越宽则意味着市场整合度越低。由此交易成本大小就是决定空间市场整合的内在机制。

三、空间市场整合的研究方法

（一）基于相关分析和协整分析的研究

关于市场整合的研究，相关研究首要考虑的问题是如何对空间市场整合水平进行衡量（颜色等，2011）。鉴于价格数据的可获性，现有文献大多都是从价格序列的同步关系出发研究空间市场整合。研究角度主要有以下两种：一是通过考察分隔市场价格序列的相关性来判断空间市场整合水平。一般认为，两个市场价格序列的相关性越高，市场整合程度也越大。二是通过两个市场的"价格移动"程度来反映市场整合程度，即协整方法，如果不同区域市场"价格移动"程度较高即反映空间市场整合程度高。但上述两种方法都很难考虑到交易成本在空间市场整合分析中的作用，交易成本本身就是反映空间市场整合的重要指标。在时间序列具有较高的相关性和良好的"价格共移"效果下，仍然可能存在着较高的交易成本。也就是说，空间市场整合不应只表现为"价格整合"，交易成本的绝对值是反映空间市场整合水平的重要指标。在高效运行的整合市场体系中，分隔市场之间的交易成本应该尽可能地维持在低位水平。由此，形成以评估交易成本为核心的空间市场整合研究成为市场整合研究的主流。此外，建立在交易成本基础上的空间市场整合水平的研究是以经"冰山成本"模型修正的一价定律为基础的，具有较坚实的理论基础。由此，更多的关于空间市场整合评估是基于空间分隔市场之间交易成本的估量，当得出分隔市场之间的交易成本较大时，就表明空间市场整合程度较低；当区域市场之间的交易成本较小时，就表明空间市场整合程度较高。

（二） 基于交易成本估量的研究

基于对交易成本估计的要求，在价格传导和市场整合文献中，基于纯价格数据的门限模型和马尔可夫转换模型得到了广泛应用。门限模型和马尔可夫转换模型的思路都是通过区别不同的区制，区制内参数相同，跨区制的参数不同。当一个或多个变量超越某个门限值时，区制进行了转移。通过门限值能够估计出交易成本，而交易成本在市场整合分析中有扎实的理论基础，通过这一类模型能够从价格信号探讨市场的动态变化，增强对市场互动的认识和理解。

国内关于估量交易成本的研究非常丰富。其中，赵留彦等（2011）采用门阈误差修正模型估计交易成本的方法，研究了 1931 年国民政府"裁厘改统"政策对当时粮食市场整合的影响效应，显示裁厘改统之后上海和芜湖两地之间贸易成本相对于以前下降了约40%，表明市场整合程度大大提高。全世文等（2015）以中国小麦市场和玉米市场为例，同样采用门限误差修正模型估计分隔市场之间的交易成本，进一步分析运输成本对交易成本的影响，通过运输成本对总体交易成本的影响效用判断中国玉米和小麦市场是否是高效运行的统一市场。显示运输成本只能解释交易成本 40%～50% 的变差，由此并不能认为中国小麦和玉米市场的市场整合水平较高。马述忠等（2017）利用门限自回归模型和中国粮食市场的价格数据去估计中国空间市场交易成本，空间分隔市场的交易成本受到市场、运输、信息和政策等多方面条件的影响，研究显示中国粮食空间交易成本仍较高，尚缺乏有效的空间套利活动。

国外在关于市场整合研究中对交易成本估量的研究也非常丰富。Brosig 等（2011）采用双门限误差修正模型，估计了土耳其 28 个省之间小麦的交易成本，并对交易成本的影响因素进行了分析，显示市场规模是决定土耳其区域市场之间交易成本的重要因素。Jamora 等（2016）研究了 2008 年粮食危机之后，世界稻米国际贸易中各种稻米价格之间的关系，研究显示 2008 年之后国家之间的稻米交易成本要远远大于 2008 年之前。此外，2008 年之后，国际大米之间的价格传递速度也同时下降，以国内市场为基础的干预措施（如价格控制）应对价格高企和波动的国家的价格传导速度较慢，而以降低关税和实施生产支持措施为基础的国家的价格传导速度更快。Gitau 等（2018）对肯尼亚玉米空间市场整合的研究显示，市场距离接近，交易成本较低，市场整合水平较高，且跨市场的价格差被迅速修正。

四、空间市场整合的影响因素

通过回顾相关研究文献发现下述相关因素能够影响粮食的空间市场整合，这些因素包括基础设施水平、信息化水平、市场机构发育水平、贸易、社会资产以及政策干预。上述因素能够影响空间市场整合，是由于这些因素与分隔市场之间的交易成本密切相关。由此，本文对空间市场整合和交易成本的影响因素进行系统分析。

（一） 地理距离

更远的地理距离一般表示更多的运输时间和运输成本。对于粮食这种大宗货物而言，运输成本是交易成本最重要的组成部分，两个市场之间的地理距离越远，交易成本越高（马述忠等，2017；全世文等，2015；Kouyaté 等，2016）。而且在一些相关研究中认为，地理距离是决定市场整合程度的最关键因素（黄新飞等，2013）。

（二）基础设施水平

运输成本是交易成本最重要的组成部分，那么包括道路建设等基础设施水平就会对交易成本产生直接影响。低水平的道路会导致运输成本的增加，包括油耗增加、车辆维护成本增加、车辆折旧加快、轮胎更换成本增加以及车辆降速造成的时间损失（Taravaninthorn 等，2009）。一些研究量化了道路设施对交易成本和市场整合的影响。Loveridge（1991）在卢旺达的研究显示，一个道路项目的改善减小了分隔市场之间的价格差异，分隔市场价格的相关性明显增强。Minten 等（1999）在扎伊尔进行的研究显示，低水平道路的运输成本是高水平道路的运输成本的两倍，由于低水平道路的运输成本较高，导致农民出售农作物的价格要明显低于其他地区。Zant（2018）进一步证明了铁路连接市场对增加马拉维农作物价格整合的重要性。总体而言，大部分相关研究都验证了基础设施水平能够通过交易成本影响空间市场整合水平。

（三）市场机构发育水平和信息化水平

市场机构发育水平和信息化水平是决定交易成本和空间市场整合的重要因素（De Bruyn 等，2001；Worako 等，2008；Muto 等，2009；Rashid 等，2010）。在市场机构发育不成熟的情况下，个性化交易非常普遍；在市场机构发育成熟的情况下，个性化交易较少，而个性化交易的交易成本相对较高（Geertz，1996；Aker，2009；Goyal，2010）。私营粮食部门发展不足也会抑制粮食空间市场整合。小型粮商在财力、经验及设备能力方面都是非常有限的，他们能够在短距离市场做小规模的套利活动，但缺乏实力做长距离较大规模的市场间套利活动，从而抑制了空间市场整合（万广华等，1997）。

市场信息对交易双方都很重要。相关的研究都证明了市场信息对空间市场整合具有正向促进作用（Svanidze 等，2019）。多年前，对于发展中国家的农村地区，信息流动更多靠口头和非正式渠道进行传播。然而，当前电视、报纸、移动电话的使用率在扩大，特别是互联网的发展，提高了信息传播的效率（Bayes，2001；Jensen，2007；Donner，2008；Muto 等，2009；Jensen，2010），也同样提高了空间市场整合水平。当前已有一些关于粮食市场中使用移动电话对空间市场整合的研究（Muto 等，2009）。随着移动互联网的发展，其如何影响粮食空间市场整合水平，在对文献的回顾中并没有得到明确的答案，对此问题还需要进一步深入研究。

粮食期货市场对空间市场整合的重要性也在一些文献中得到说明。由于市场透明度和流动性高，大宗商品期货市场对现货（实物）市场效率的提升非常重要（Adämmer 等，2018；Garbade 等，1983；Kofi，1973）。期货市场除了能够抑制价格波动之外，还是发现价格的工具（Valiante，2013），期货对市场信息做出反应，然后将市场价格信息传递给实物商品市场（Carter 等，2008），那么期货市场就能够提高市场信息的传播效率，从而提高了市场整合水平（Kouyaté，2016）。

（四）竞争与市场势力

竞争与市场势力也是影响交易成本和空间市场整合的重要因素。不同国家粮食市场结构存在很大差异。Abdulai（2000）对加纳谷物市场的价格传导研究显示，加纳的谷物价格传导存在非对称性，表明加纳谷物市场存在一定的市场势力。Bor 等（2014）发现，土耳其牛奶市场的价格传导同样存在非对称性，并推断土耳其牛奶市场的势力非常大。Osborne（2005）发现，埃塞俄比亚的一些小型市场与主要市场隔离开来，批发商之间存在不完全竞争，但这种不完全竞争的影响较小，仅仅使生产者价格下降了 3%。Goletti 等（1994）对于马拉维玉米市场的研究显示，其玉米市场之间的价格传导并不存在非对称性。由此，对于市场结构如何影响市场整合的结论确不统一，一种观点认为，更集中的营销结构，可能使贸易和信息方面实现规模经济，从而降低交易成本；另一种观点认为，市场势力可能会限制流动，以提高价格和利润，从而抑制了市场整合（Goodwin 等，1991）。由此，关于竞争和市场势力如何影响市场整合需要更多的实证研究来澄清该争论。

（五）贸易

关于贸易量对市场整合的大部分研究显示，区域间的贸易量越大，市场整合程度越高，因为贸易量的增加有助于降低单位贸易量的交易成本（González-Rivera 等，2001）。分隔市场的贸易量能够促进使用更大的卡车，卸载较大数量能够带来单位成本的降低以及存在的折扣能够降低物流成本，总体而言，单位运输成本是贸易量的反函数（Gabre-Madhin，2001；Jensen，2010）。由此，市场规模能够降低交易成本，提高市场整合水平（Brosig 等，2011）。同时，也有一部分研究显示，贸易量并不能对市场整合水平产生影响（Klaes，2000；Somda 等，2005）。由此，贸易作为市场整合水平的一个重要影响因素，还需要进一步研究。同时，还有必要进一步探讨与贸易有关的供给和需求因素如何影响市场整合水平，以及需求、供应和贸易这三者对市场整合的综合影响（Key 等，2000；González-Rivera 等，2001）。

（六）社会资本

与信任和网络有关的社会资本允许人们合作（González-Rivera 等，2001），这些社会资本能够降低信息、监控和执行的交易成本，从而促进市场整合。以网络形式存在的社会资本可以增加信息流动性和信息生产力；以信托形式存在的社会资本可以降低交易成本，促进贸易流动。由此，社会资本对市场整合的研究具有重要意义。但是，当前关于社会资本如何影响市场整合的研究非常少，由此对于社会资本如何影响价格传导和市场整合需要更多的实证研究来探讨此议题。

（七）公共政策

政府的政策能够直接或间接影响粮食市场，能够影响粮食市场整合的公共政策主要包括对粮食市场的政策干预和进出口限制/禁令。下面将讨论这些政策与市场整合关系的研究。

1. 政策干预

为了保障国家粮食安全，国际上的很多国家，特别是非洲国家政府持续对粮食市场进行大规模干预。高度干预粮食市场的国家包括埃塞俄比亚、肯尼亚、马拉维、赞比亚和印度尼西亚（Rashid 等，2010）；其他存在一定程度上政府干预的国家包括坦桑尼亚、莫桑比克和乌干达。政府干预粮食市场的主要目的是维持粮食库存以备紧急使用，同时也能够稳定粮食价格、向边远或贫困地区人口提供粮食，从而实现粮食安全。相关研究显示，政府干预对粮食市场整合的影响并不确定，可能改善也可能会阻碍粮食的市场整合水平。对中国的研究显示，政府对市场的干预阻碍了粮食市场整合（万广华等，1997；喻闻等，1998；肖小勇等，2014；Zhou 等，2000；Park 等，2002）；对印度的研究显示，粮食分配政策严重抑制了空间市场整合（Ghosh，2011）；对印度尼西亚大米市场的研究显示，印度尼西亚政府对大米采购方面的干预改善了该国大米市场的整合（Alexander 等，1994；Ismet 等，1998）。政府干预对市场整合既有积极影响，也有消极影响，这可能是不同国家采取的政策差异所带来的，由此政府干预手段与市场整合之间的关系还需要进一步研究。

2. 进出口限制/禁令

在存在进出口限制/禁令的情况下，各国之间的粮食市场不能自由流转，会抑制市场整合，即使仅仅市场信息不能自由流动，也会抑制市场整合水平。有些国家，如坦桑尼亚，在粮食产量低的情况下，会采取禁止粮食出口的手段，以确保本国粮食供应流向国内贫困地区（Rashid 等，2010）。肯尼亚对来自东非共同体以外的玉米征收高额进口税，并对从东非共同体国家进口的玉米实施临时限制，以保护本国农民收益（Rashid 等，2010）。一般而言，出口禁令限制对粮食市场不利，降低了国际市场间市场整合水平，但进出口限制禁令如何影响一国内部的价格波动和价格传导以及市场整合水平还需要进一步的研究。

五、研究展望

随着国内交通基础设施建设水平的提高和信息技术的发展，市场因素已经不再是制约粮食市场整合水平提升的主要障碍因素，而政府对市场的干预成为影响粮食市场整合的主导因素。国内关于粮食政策干预对市场整合的影响研究中，大多数研究集中于政策干预对国内市场与国际市场之间市场整合的研究，很少关注市场政策干预对国内内部市场整合的影响。特别对中国而言，国内市场很大，销区和产区分布不均匀。区域环境差异大以及区域粮食政策的差异性，使国内市场的空间整合会受到很多因素的抑制。在国内市场整合的研究中，更多侧重于对市场整合程度和市场整合的变化趋势分析，关于市场整合的影响因素及变化背后的影响机制的分析较少，特别是粮食政策干预对市场整合的影响。由于粮食的弱质性，对粮食的政策支持是全世界各个国家的典型特征。关于政策干预如何影响市场整合水平，国内外关于政策干预对市场整合的影响研究中，研究结果存在很大差异。有些国家研究显示，政策干预促进了市场整合，还有一些国家的研究显示政策干预抑制了市场整合。研究结果存在差异性的重要原因可能是不同国家所采取的政策干预手段不一致，那么就有必要弄清不同的政策手段对市场整合的影响机制所在，从而能够在下一步粮食支持政策实施中调整政策干预手段，提高市场整合水平，优化资源配置效率。

参考文献

［1］Park A, Jin H, Rozelle S. and Huang, J. Market Emergence and Transition：Arbitrage, Transaction Costs, and Autarky in China's Grain Markets［J］. American Journal of Agricultural Economics, 2002, 84 (1)：67-82.

［2］Getnet K, Verbeke W. and Viaene J. Modeling Spatial Price Transmission in the Grain Markets of Ethiopia

With an Application of ARDL Approach to White Teff［J］．Agricultural Economics，2005（33）：491-502.

［3］Lutz C，Praagman C. and Hai L. Rice Market Integration in The Mekong River Delta［J］．Economics of Transition，2006，14（3）：517-546.

［4］Abdulai A. Spatial Price Transmission and Asymmetry in the Ghanaian Maize Market［J］．Journal of Development Economics，2000，63（2）：327-349.

［5］Ghosh M. Agricultural Policy Reforms and Spatial Integration of Food Grain Markets in India［J］．Journal of Economic Development，2011，36（2）：21-36.

［6］Brosig S，Glauben T，Götz L，Weitzel E B. and Bayaner，A. The Turkish Wheat Market：Spatial Price Transmission and The Impact of Transaction Costs［J］．Agribusiness，2011，27（2）：147-161.

［7］Rapsomanikis G，Hallam D. and Conforti P. Market Integration and Price Transmission in Selected Food and Cash Crop Markets of Developing Countries［R］．Rome：In FAO，Commodity Market Review，FAO Commodities and Trade Division，2003.

［8］武拉平．我国小麦、玉米和生猪收购市场整合程度研究［J］．中国农村观察，1999（4）：23-24.

［9］柏菁．中国小麦市场整合研究［D］．南京农业大学硕士学位论文，2012.

［10］颜色，刘丛．18 世纪中国南北方市场整合程度的比较——利用清代粮价数据的研究［J］．经济研究，2011，46（12）：124-137.

［11］赵留彦，赵岩，窦志强．"裁厘改统"对国内粮食市场整合的效应［J］．经济研究，2011，46（8）：106-118+160.

［12］全世文，曾寅初，毛学峰．运输成本可以解释空间市场整合中的交易成本吗？——来自中国小麦和玉米市场的证据［J］．中国农村观察，2015（1）：15-29+93.

［13］马述忠，屈艺．市场整合与贸易成本——基于中国粮食市场空间价格传导的新证据［J］．农业经济问题，2017，38（5）：72-82+112.

［14］Jamora N，Cramon-Taubadel S V. Transaction Cost Thresholds in International Rice Markets［J］．Journal of Agricultural Economics，2016，67（2）：292-307.

［15］Gitau R，Meyer F. Spatial Market Integration in the Era of High Food Prices. A Case of Surplus and Deficit Maize Markets in Kenya［J］．Agrekon，2018（57）：251-265.

［16］Kouyaté C，Cramon-Taubadel T. Distance and Border Effects on Price Transmission：A Meta-Analysis［J］．Journal of Agriculture Economics，2016，67（2）：255-271.

［17］黄新飞，欧阳艳艳，汪璐．外部供给、地理距离与中国粮食市场整合研究［J］．统计研究，2013，30（9）：50-56.

［18］Taravaninthorn S，Raballand G. Transport Prices and Costs in Africa［R］．Washington DC：The World Bank，2009.

［19］Loveridge S. Marketing in Rwanda Imports and Infrastructure［J］．Food Policy，1991（16）：95-104.

［20］Minten B，Kyle S. The Effect of Distance and Road Quality on Food Collection，Marketing Margins，and Traders' Wages：Evidence from the Former Zaire［J］．Journal of Development Economics，1999（60）：467-495.

［21］Zant W. Trains，Trade，and Transaction Costs：How Does Domestic Trade by Rail Affect Market Prices of Malawi Agricultural Commodities?［J］．World Bank Economic Review，2018，32（2）：334-356.

［22］De Bruyn P，De Bruyn J，Vink N. and Kirsten J. F. How Transaction Costs Influence Cattle Marketing Decisions in the Northern Communal Areas of Namibia［J］．Agrekon，2001（40）：405-425.

［23］Worako T K，Van Schalkwyk H D，Alemu Z G. and Ayele G. Producer Price and Price Transmission in a Deregulated Ethiopian Coffee Market［J］．Agrekon，2008（47）：492-508.

［24］Muto M. and Yamano T. The Impact of Mobile Phone Coverage Expansion on Market Participation: Panel Data Evidence from Uganda ［J］. World Development, 2009 (37): 1887–1896.

［25］Rashid S. Are Staple Food Markets in Africa Efficient? ［R］. Prepared for the Comesa Policy Seminar on "Food Price Variability: Causes, Consequence, and Policy Options", Maputo, Mozambique, 2010.

［26］Geertz C. The Bazaar Economy: Information and Search in Peasant Marketing ［J］. International Library of Critical Writings in Economics, 1996 (70): 78–82.

［27］Aker J. Information from Markets Near and Far: Information Technology, Search Costs and Grain Markets ［D］. Massachusetts: Tufts University, 2009.

［28］Goyal A. Information, Direct Access to Farmers, and Rural Market Performance in Central India ［R］. World Bank Policy Research Working Paper Series, 2010.

［29］万广华, 周章跃, 陈良彪. 我国水稻市场整合程度研究 ［J］. 中国农村经济, 1997 (8): 45 –51.

［30］Svanidze M, Götz L. Determinants of Spatial Market Efficiency of Grain Markets in Russia ［J］. Food Policy, 2019 (89): 1–10.

［31］Bayes A. Infrastructure and Rural Development: Insights from a Grameen Bank Village Phone Initiative in Bangladesh ［J］. Agricultural Economics, 2001 (25): 261–272.

［32］Jensen R. The Digital Provide: Information (Technology), Market Performance, and Welfare in the South Indian Fisheries Sector ［J］. The Quarterly Journal of Economics, 2007 (127): 879–924.

［33］Donner J. Research Approaches to Mobile Use in the Developing World: A Review of the Literature ［J］. The Information Society, 2008 (24): 140–159.

［34］Jensen R T. Information, Efficiency, and Welfare in Agricultural Markets ［J］. Agricultural Economics, 2010 (41): 203–216.

［35］Adämmer P, Bohl M T. Price Discovery Dynamics in European Agricultural Markets ［J］. Futures Markets, 2018, 38 (5): 549–562.

［36］Garbade K D, Silber W L. Price Movement and Price Discovery in Futures and Cash Markets ［J］. The Review of Economics and Statistics, 1983, 65 (2): 289–297.

［37］Kofi T A. A Framework for Comparing the Efficiency of Futures Markets ［J］. American Journal of Agricultural Economics, 1973 (55): 584–594.

［38］Valiante D. Commodities Price Formation: Financialisation and Beyond. Cepsexmi Task Force Report ［R］. Brussels Centre for European Policy Studies, Brussels, 2013.

［39］Carter C A, Mohapatra S. How Reliable are Hog Futures as Forecasts? ［J］. American Journal of Agricultural Economics, 2008, 90 (2): 367–378.

［40］Kouyaté C, Cramon – Taubadel T. Distance and Border Effects on Price Transmission: A Meta – Analysis ［J］. Journal of Agriculture Economics, 2016, 67 (2): 255–271.

［41］Bor O, Smihan M. and Bayaner A. Asymmetry in Farm – Retail Price Transmission in the Turkish Fluid Milk Market ［J］. New Medit: Mediterranean Journal of Economics, Agriculture and Environment, 2014, 13 (2): 2–8.

［42］Osborne T. Imperfect Competition in Agricultural Markets: Evidence from Ethiopia ［J］. Journal of Journal of Development Economics, 2005, 76 (2): 405–428.

［43］Goletti F, Babu S. Market Liberalization and Integration of Maize Markets in Malawi ［J］. Agricultural Economics, 1994, 11 (2–3): 311–324.

［44］Goodwin B K, Schroeder T C. Cointegration Tests and Spatial Price Linkages in Regional Cattle Markets ［J］. American Journal of Agricultural Economics, 1991 (73): 452–464.

［45］González-Rivera G, Helfand S M. Economic Development and the Determinants of Spatial Integration in Agricultural Markets Department of Economics ［R］. University of California, Riverside, 2001.

［46］Gabre-Madhin E Z. Market Institutions, Transaction Costs, and Social Capital in the Ethiopian Grain Market ［R］. Washington DC: International Food Policy Research Institute, 2001.

［47］Jensen R T. Information, Efficiency, and Welfare in Agricultural Markets ［J］. Agricultural Economics, 2010 (41): 203-216.

［48］Klaes M. The History of the Concept of Transaction Costs: Neglected Aspects ［J］. Journal of the History of Economic Thought, 2000, 22 (2): 191-216.

［49］Somda J, Tollens E. and Kamuanga M. Transaction Costs and the Marketable Surplus of Milk in Smallholder Farming Systems of The Gambia ［J］. Outlook on Agriculture, 2005 (34): 189-195.

［50］Key N, Sadoulet E. and DeJanvry A. Transactions Costs and Agricultural Household Supply Response ［J］. American Journal of Agricultural Economics, 2000 (82): 245-259.

［51］喻闻, 黄季焜. 从大米市场整合程度看我国粮食市场改革 ［J］. 经济研究, 1998 (3): 52-59.

［52］肖小勇, 章胜勇. 交易成本视角下国内外粮食市场整合研究 ［J］. 财贸研究, 2014, 25 (6): 80-86.

［53］Zhou Z Y, Wan G H. and Chen L B. Integration of Rice Markets: The Case of Southern China ［C］. Invited Paper Presented at the 72nd Annual Conference of the Western Economic Association International, Seattle, 1997.

［54］Alexander C, Wyeth J. Cointegration and Market Integration: An Application to the Indonesian Rice Market ［J］. The Journal of Development Studies, 1994 (30): 303-334.

［55］Ismet M, Barkley A P. and Lewelyn R V. Government Intervention and Market Integration in Indonesian Rice Markets ［J］. Agricultural Economics, 1998 (19): 28.

Grain Spatial Market Integration and Its Influencing Factors: A Literature Review

Song Liang

(*Economic Management Institute, Anhui Agricultural University, Hefei, 230036, China*)

Abstract: Spatial market integration is an important index reflecting the level of regional marketization, trade liberalization and market efficiency. Based on the introduction of the definition, internal decision mechanism and research methods of spatial market integration, this paper makes a systematic analysis of the factors influencing spatial market integration. Combined with the domestic reality, this paper proposes that the follow-up research should pay attention to the mechanism analysis of the impact of domestic grain intervention policy on the spatial market integration, so as to provide countermeasures and suggestions for the current reform of grain storage system.

Key Words: Spatial Market Integration; Transaction Cost; Grain Policy

中国玉米生产效率变化及影响因素：
1980~2018[①]

陶素敏

（南京财经大学　粮食和物资学院，江苏　南京　210003）

摘　要： 基于 1980~2018 年中国玉米主产省份投入产出数据，采用局部前沿分析法分析各产区玉米生产效率及其演变趋势。在此基础上，借助 Tobit 模型，考察玉米生产效率影响因素。结果显示：中国玉米生产效率整体波动幅度不大，维持在 0.9 以上。东北产区和黄淮海产区技术效率水平主导着生产前沿面的移动，西南及南方产区和西北产区仍有提升空间；有效灌溉率、种植业结构、机械化投入的提升有利于改善玉米生产效率，玉米种植结构提升不利于改善玉米生产效率。据此本文提出加大科技研发、改善灌溉设施、完善机械化水平、扩大政策支持力度等政策措施。

关键词： 玉米；局部前沿分析法；Tobit 模型；影响因素

一、引言

玉米因其经济效益较高，市场条件较好，在全国范围内都有广泛种植（李旻等，2020）。2018 年，中国玉米产量 25717.4 万吨，种植面积 42130 千公顷，无论是产量还是种植面积，都超过了水稻、小麦等其他粮食作物，是关系国家粮食安全的重要作物（朱满德，2015）。正是玉米生产在国民经济与国计民生中的重要作用，党和政府历来十分重视玉米生产，这为我国改革开放的快速推进和持续健康发展打下了坚实的基础。

作为仅次于美国的第二大玉米生产国和消费国，中国的玉米需求持续增长（黄季焜等，2012），并且近些年增幅明显提高。根据统计，近 10 年（2009~2018 年）玉米产量的年均增幅为 4.49%，是 1980~2008 年增幅的 1.18 倍，但 2017~2018 年中国玉米市场仍有 15366 万吨的缺口。通过分析国家粮油信息中心全部玉米消费比重发现，2017~2018 年度饲用玉米消费占总需求量的 66.57%，工业消费次之（26.27%），食用消费和种用消费比重占比较小，分别为 6.70% 和 0.46%。饲用消费和工业消费增长成为玉米需求缺口扩大的重要原因。另外，随着居民消费水平和收入水平的提高，居民的食物消费结构发生了显著变化，人均主食（粮食原料）需求量从 20 世纪 80 年代末便呈下降趋势，但肉类及鲜奶制品的消费增长显著（蒋乃华等，2002）。《中国统计年鉴》资料显示，过去 40 年里居民肉

---

①　收稿日期：2020-04-13

基金项目：国家自然科学基金面上项目（71773044）。

类及鲜奶制品分别增长了 2.85 倍和 10.12 倍，这势必将进一步增加对玉米的需求。

因此，提升玉米生产潜力对保障粮食安全显得尤为重要（陈欢等，2015）。然而，从过去一段时间来看，土地、环境等资源制约使我国粮食安全问题更为棘手（王琛和吴敬学，2015），2018 年玉米播种面积同比下降 269 千公顷，玉米增产不能靠扩大玉米播种面积来实现。因此，提升玉米单产成为社会诉求。近年来玉米小面积高产不断刷新，但全国玉米单产一直在 400 千克/亩以下，现有的产量潜力未能得到有效发挥。玉米的增产主要依靠土地、劳动力、化肥等生产要素的追加投入，同时由农技推广、良田选用、机械化水平提高等因素引致的技术进步促进了种植技术效率水平的提高，进而提升了玉米产量。从理论视角来看，单纯依靠生产要素的追加投入带来的产能增加具有局限性，一方面，生产要素具有稀缺性，耕地、劳动力对玉米种植的制约将会更加显著；另一方面，单纯的要素投入无法避免边际报酬递减的制约（吴园等，2019）。因此，在供给侧结构性改革的背景下，玉米产业要走资源集约型道路，就必须从生产技术效率出发提升产量。

本文总结以往研究，利用局部前沿分析法（Partial Frontier Methods）克服随机前沿分析法（Stochastic Frontier Analysis，SFA）和数据包络分析法（Date Envelopment Analysis，DEA）的不足，对各主产区玉米生产效率进行测度，以期获得有价值的分析结论及政策启示。

二、文献综述

（一）玉米生产效率测度

关于效率测算的文献主要分为两类：参数法和非参数法。参数方法中最广泛的是随机前沿分析法（Aigner 等，1997），该方法通过对经典回归模型中的随机误差项的非正设定来体现生产中的非效率情形。非参数模型如数据包络分析法（Charnes 等，1978）和特殊情形自由处置包（FDH）（Deprins 等，1984）使用最为广泛，这两种方法采用非参数方法对数据边缘进行分段线性包络。DEA 基于凸假设实现对数据的包络，FDH 则放弃了凸假设，其效率边界是非凸阶梯形状（Ji 和 Lee，2010）。在 FDH 的基础上，Cazals 等（2002）和 Argon 等（2005）分别提出了 order-m 效率测算方法和 order-α 效率测算方法。上述两种方法统称为局部前沿分析法，即方法允许效率前沿面的超级效率的存在，使所测度的效率值不受异常值影响。

目前，众多学者运用不同方法从不同视角对玉米生产效率进行了有价值的研究。郭志超（2009）通过建立超越对数生产函数对于玉米生产过程中的效率损失进行测算并对影响玉米生产的主要因素进行分析。结果表明，自 2003 年以来，我国玉米生产效率在时空上不存在明显的效率损失，且针对效率水平不同的地区应采取不同的方式促进生产。杨国庆和刘天军（2013）从时间梯度和空间梯度两个角度系统分析了我国"入世"以来玉米主产区的玉米生产效率的增长状况，指出技术进步是促进我国玉米主产区玉米生产效率增长的关键因素。杨增旭和韩洪云（2011）从投入要素化肥入手，系统分析了玉米和小麦的化肥施用技术效率，研究表明，化肥施用技术效率低下影响生产技术效率的提高。杨春和陆文聪等（2007）运用 DEA 对玉米的全要素生产率进行测度，并指出技术进步是推进玉米生产率增长的主要因素。刘伟（2020）等运用双重自助抽样 DEA 方法测算农业产业化地区的玉米生产技术效率，指出该区域玉米生产投资已进入无效率空间。王琛和吴敬学（2015）系统分析了技术效率和生物化学型及机械型技术投入的关系，指出生物化学型要素对生产的技术效率贡献更为突出。

（二）玉米生产效率影响因素分析

影响玉米生产效率的因素有很多，主要包括内生的生产要素供给组合及外生的社会、环境、政策等外部影响两方面（孙炜等，2018；张宏等，2011）。王琛和吴敬学（2015）指出，生物化学型投入如种子、化肥、农家肥、农药、农膜等相较于机械型投入（除生物化学型投入外的其他投入）对于玉米生产的技术效率的影响更为突出，因此，政府在增加技术要素投入时应向生物化学型要素倾斜。郭志超（2009）的研究发现，玉米播种面积及化肥投入对于玉米技术效率呈正相关关系。王雪娇和肖海峰（2016）从玉米生产配置效率入手，分析指出除财政支出、农业机械总动力外，农户经营规模、人均 GDP、农林科技人员占比、农民受教育水平都能改善玉米生产配置效率。姚利好和郭颖梅（2019）从农机服务入手发现，农机服务对玉米生产技术效率的影响有待提高，应尊重地区差异、分类施策，探索适合的农业机械化发展模式。针对干旱地区农业发展现状，王琦明等（2019）指出，在面对耕地面积锐减和用水矛盾突出的背景下，保护性耕作是提升玉米和小麦生产效率及推动农业生产可持续性的重要方式。

通过阅读以往文献可以发现有关技术效率的研究存在两点不足：一是在效率测度方法上，随机前沿分析方法（SFA）对函数形式要求较高，函数形式不合适便会导致结果发生有偏，而非参数法下的 DEA 与 FDH 在处理异常值方面存在较大问题；二是采用数据较为陈旧或者时间跨度较短。基于此，本文试图运用局部前沿分析法对 1980 年以来玉米生产效率进行系统梳理，并运用 Tobit 模型对生产效率影响因素进行研究，以期为玉米生产要素投入、政策扶持、技术改进等提供参考。

三、研究方法及数据来源

（一）研究方法

在确定性前沿框架中，自 Farrell（1957）的开创性工作以来，非参数方法获得了更大的成功。这一方法以包络分析法为基础，代表性的方法有数据包络分析法（DEA）和 De-prines 等（1984）提出的自由情形处置包法（FDH）。其中，FDH 依赖对生产集的自由可处置假设，而 DEA 依赖对 ψ 的自由可处置性以及凸性假设。FDH 和 DEA 方法下的生产集定义如下：

$$\hat{\psi}_{FDH} = \{(x, y) \in R_+ | y \leqslant Y_i, x \geqslant X_i, i = 1, \cdots, n\} \tag{1}$$

$$\hat{\psi}_{DEA} = \left\{(x, y) \in R_+ | y \leqslant \sum_{i=1}^{n} \gamma_i Y_i, x \geqslant \sum_{i=1}^{n} \gamma_i\right\} \tag{2}$$

其中，$\gamma_i = \gamma_1, \gamma_2, \cdots, \gamma_n$ 且 $\sum_{i=1}^{n} \gamma_i = 1$；$\gamma_i \geqslant 0, i = 1, 2, \cdots, N$ 表示时期数。

DEA 与 FDH 广泛应用于效率估计，但在运行中，他们对极端值和异常值非常敏感，可能导致检测的结果出现偏差。针对此问题，有两种解决方法：一是识别数据中心的异常值，然后予以剔除（Wilson，1993；Porembski 等，2005）；二是使用新的估计方法。本文运用 order-m 以及 order-α 效率模型对玉米生产效率予以估计，order-m 效率模型和 order-α 效率模型的目的是对异常值和极端值不敏感的效率边界进行估计（Cazals 等，2002）。

假设存在 N 个决策单元即玉米生产各省份决策单元分别为 DMU_k，$k = 1$，2，$\cdots$，K。以投入为导向的 FDH 表示为：

$$\hat{\theta}_i^{FDH} = \min_{j \in B_i} \left\{ \max_{k=1-k} \left\{ \frac{X_{kj}}{X_{ki}} \right\} \right\} \tag{3}$$

最优水平 $\hat{\theta}_i^{FDH}$ 位于 0~1，当其值为 1 时，说明被测度的决策单元在技术上是完全有效的。order-m 方法是在 FDH 模型的效率得分的计算中增加一层随机性的结果（Cazals 等，2002）。通过对全部 DMU 进行重复抽样计算各样本 FDH 效率值，再对各 FDH 效率值取均值，公式如下：

$$\hat{\theta}_{mi}^{\alpha} = \frac{1}{D} \sum_{d=1}^{D} \hat{\theta}_{mi} FDH_d \tag{4}$$

order-α 方法也是对 FDH 方法的一种改进，其核心原理为剔除效率边界外的超级效率点（亓寿伟等，2016）。剔除超级效率点的方式是通过 α 来直接设定，当 α 取 100 时，意味着没有剔除超级效率点，测量的结果与 FDH 方法一致。该模型为：

$$\hat{\theta}_i^{\alpha} = {}_{j \in B_i}^{P(100-\alpha)} \left\{ \max_{k=1,\cdots,k} \left\{ \frac{X_{kj}}{X_{ki}} \right\} \right\} \tag{5}$$

图 1 采用数据模拟的方法展示了以上三种效率测度的效率效果，为了与传统的 DEA 方法进行比较，图 1 给出了 DEA 效率结果的测量边界。

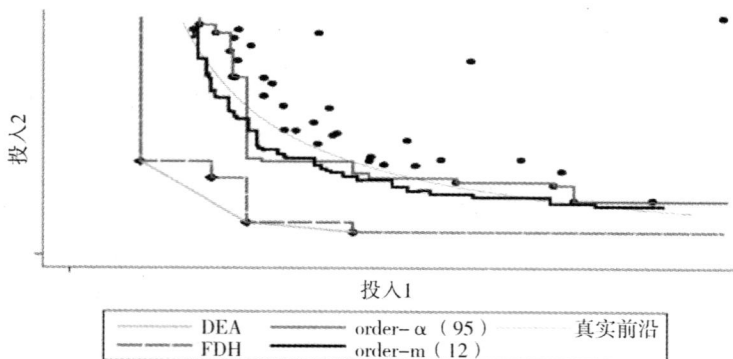

图 1　DEA、FDH 及局部前沿分析测算结果对比

（二）数据来源

我国玉米主要产区集中在东北至西南的弧形地带种植区，俗称"镰刀弯"地区，其中，东北产区以春玉米种植为主，黄淮海产区以夏玉米种植为主，西南产区以山地玉米为

主，西北产区玉米种植以灌溉为主。参考国内学者选取相关研究区域的标准（乔丹和陆迁，2016），本文选取 19 个省份[①]为决策单元。2018 年这些省份的玉米播种面积及产量分别为 42130.1 千公顷，25006.4 万吨。分别占全国总量的 96.21% 和 97.23%。可以看出研究区域具有一定的代表性。

在变量构建方面，本文以多投入单产出为基础进行实证分析，各省原始数据来源于《全国农产品成本收益资料汇编》《中国农村统计年鉴》《新中国六十年统计资料》。其中，投入变量包括化肥投入、劳动力投入、资本投入，分别用单位面积玉米化肥施用量（千克/亩）、单位面积玉米用工数量（天/亩），除化肥以外，单位面积玉米直接生产费用[②]（元/亩）表示。由于各省有关费用的数据均是以当年实际价格为准的名义价格，本文按照各省的农作物生产资料价格指数予以平减（以 1978 年为基期）。值得注意的是，单位面积化肥费支出常年占直接生产费用的 30% 以上，因此，将化肥投入（千克/亩）单独作为投入变量讨论。产出变量用单位面积玉米产量（千克/亩）来表示。各变量的描述性统计结果如表 1 所示。1980~2018 年，主产品产量的年均增长幅度为 1.92%，在投入要素中，每亩化肥用量及折算后除化肥外直接生产费用皆呈现增长趋势，增长幅度分别为 3.89% 和 2.52%。每亩用工数量呈现减少的趋势，年均增长幅度为 -3.67%，其可能原因在于农业现代化进步及城镇化发展使得单位面积用工投入减少（夏春萍和刘文清，2012）。

在影响因素变量中，根据以往研究（孙炜等，2018；姚利好和郭颖梅，2019），本文选取第一产业就业人数、灌溉率、种植业结构、机械投入作为影响因素变量。第一产业就业人数是农村劳动力投入的体现，对粮食生产效率具有重要影响（潘经韬等，2020）；单一的农田水利设施不能作为农田灌溉的有效衡量指标（李谷成等，2015），为有效衡量农田水利灌溉整体特征，借鉴李谷成等（2015）的研究，采用有效灌溉率衡量，即有效灌溉率等于灌溉面积除以农作物播种面积。种植业结构等于玉米播种面积除以农作物播种面积。机械化程度的提升可以有效缓解劳动力成本上升对农业的负面影响，提升生产效率。用农业机械总动力乘以种植业结构表示玉米机械投入。各变量的描述性统计结果如表 1 所示。

表 1　各变量描述性统计

变量	样本量	单位	均值	标准误	最小值	最大值
主产品产量	779	公斤/亩	312.2	79.72	178.5	459.3
每亩化肥用量	779	公斤/亩	24.73	10.4	8.254	65.35
除化肥外直接生产费用	779	元/亩	16.28	6.244	7.837	28.17
用工数量	779	天/亩	20.85	6.18	11.15	38

[①]　东北产区包括黑龙江、吉林、辽宁、内蒙古；黄淮海产区包括山东、河南、安徽、江苏、河北；西南及南方产区包括云南、贵州、四川、湖北、广西；西北产区包括新疆、甘肃、陕西、宁夏、山西。

[②]　直接生产费用包括种子秧苗费、化肥费、农家肥费、农膜费、农药费、畜力费、机械费、排灌费、燃料动力费、棚架材料费、其他直接费用。

续表

变量	样本量	单位	均值	标准误	最小值	最大值
第一产业就业人数	779	万人	1214	772.3	88.8	3559
有效灌溉率	779	—	0.345	0.158	0.071	0.959
种植业结构	779	—	0.209	0.137	0.0153	0.7
机械投入	779	万千瓦	526.1	753.1	1.366	4126
人均 GDP	779	元	15133.6	20038.6	219	115011

（三）测算结果

为了比较测算结果，利用 1980~2018 年数据测算了各省技术效率得分，所得结果如表 2 所示。由表 2 可知，采用 DEA 方法测得的技术效率均值（0.818）明显小于采用 FDH 方法、order-α 方法、order-m 方法所测得的结果，以上结果表明，DEA 方法因为凸假设的限制使一些本应该被测定为技术有效的变量，因为受异常值影响导致效率边界水平更低而被归为技术非效率情形。采用以 FDH 方法为基础的 order-α 方法、order-m 方法改进了 DEA 方法的不足，其技术效率均值结果更接近于实际，因此，局部前沿分析法的估计结果要优于 DEA。

从各产区技术效率结果来看，各产区效率均值之间存在较大差异，东北产区的效率均值分别为：0.912、0.989、0.996、0.997；黄淮海产区的效率均值分别为：0.912、0.989、0.995、0.995；西南及南方产区的效率均值分别为：0.662、0.825、0.885、0.888；西北产区的技术效率均值分别为：0.806、0.932、0.954、0.956。总体来看，东北产区和黄淮海产区玉米生产效率值最高，且主导者玉米生产前沿面的移动，效率均值在 0.98 以上。西北产区次之，西南及南方产区最低。玉米作为一种土地密集型种植业，适合大型机械化生产（郭庆海，2010），东北产区机械化程度高，且依靠土壤肥沃、光热资源与玉米生产进程同步等条件，其技术效率在各产区中保持较高水平。黄淮海产区是我国最主要的夏玉米生产区，该区域一方面拥有充足的光、热、水资源（刘洪军，2009），另一方面所属区域经济较为发达、对农业生产技术投入水平高，确保了黄淮海产区玉米生产技术效率处于优势地位（乔丹和陆迁，2016）。西北产区相较于东北产区及黄淮海产区玉米生产效率较低的主要原因在于，西北地区水资源短缺制约了玉米产量的提升。研究显示（肖俊夫等，2008），西北产区的玉米生产期缺水量达 300~400 毫米，且越往西缺水量越严重。西南及南方产区效率均值最低，其原因主要表现在以下几个方面：以丘陵地形为主的该产区土壤瘠薄，有机质含量低，保水保肥能力差，缺乏有效的磷钾供给，严重制约了玉米产量的提高（杨克诚等，2010）；由于经济条件及地形的限制，该产区农业粗放增长问题仍十分突出，未能实现大规模机械化发展（卢艳和崔燕平，2010）。

表 2   各省份技术效率均值

	省份	DEA	FDH	order-α	order-m
东北产区	黑龙江	0.994	1	1	1
	吉林	0.912	0.990	0.997	0.999
	辽宁	0.879	0.974	0.992	0.991
	内蒙古	0.864	0.993	0.996	0.996
	均值	0.912	0.989	0.996	0.997
黄淮海产区	安徽	0.944	0.997	1	1
	山东	0.887	0.978	0.992	0.993
	江苏	0.860	0.990	0.994	0.994
	河北	0.914	0.984	0.990	0.989
	河南	0.956	0.994	1	1
	均值	0.912	0.989	0.995	0.995
西南及南方产区	云南	0.623	0.778	0.838	0.839
	四川	0.779	0.883	0.938	0.934
	广西	0.526	0.748	0.808	0.818
	湖北	0.719	0.876	0.921	0.925
	贵州	0.664	0.839	0.921	0.925
	均值	0.662	0.825	0.885	0.888
西北产区	宁夏	0.865	0.977	0.979	0.984
	山西	0.857	0.958	0.973	0.977
	新疆	0.948	0.981	0.994	0.996
	甘肃	0.649	0.879	0.884	0.890
	陕西	0.709	0.866	0.940	0.934
	均值	0.806	0.932	0.954	0.956
全国均值		—	0.818	0.931	0.956	0.957

考虑到局部前沿分析法下模型的相关性，本文计算了 order-α 和 order-m 斯皮尔曼相关系数，统计结果如表 3 所示，可以看出，order-α 与 order-m 的相关系数为 0.97，揭示了两种模型下技术效率结果吻合度高的事实，因此，下文将以 order-m 方法为代表，分析局部前沿方法下的玉米生产效率。

表 3   斯皮尔曼相关系数统计

	order-α	order-m
order-α	1	
order-m	0.97	1

图 2 和图 3 分别是 1980~2018 年的全国及各产区玉米生产技术效率年际变化趋势图。

从全国层面来看，玉米生产技术效率维持在 0.9~1 的水平，总体波动不大。具体来看，玉米生产技术效率呈现阶段性差异，整体呈现先下降后上升的趋势。

按照玉米主产区划分，各产区效率值表现出差异化特征。其中，东北产区和黄淮海产区效率均值一直保持在较高水平，且向前沿面靠近，变动幅度相对较小。西北产区效率均值相对较低，波动幅度较为稳定。西南及南方产区效率值一直处于较低的水平，变动幅度最大，表明该产区技术效率改善具有较大潜力。主要原因在于东北产区及黄淮海产区在政策补贴、自然条件上均具有较大的优势，在政策优势上，东北产区是我国玉米临储政策实施省份，长期以来政府给予了大量支持。临储政策或许本身不会对玉米生产效率产生影响，但各临储地区农户由于享受到政策支持，能够在保证收入的情况下投入大量资金用于玉米生产技术投入。在自然条件上，东北产区及黄淮海产区在水土资源配置上更适合玉米种植，因此在生产效率上的表现更好。

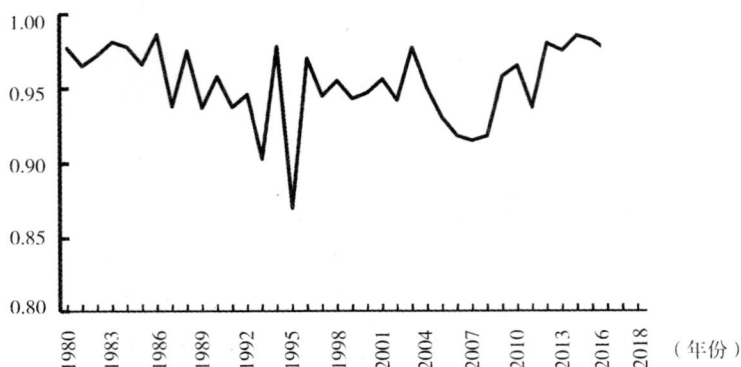

图 2　1980~2018 年全国玉米生产效率均值

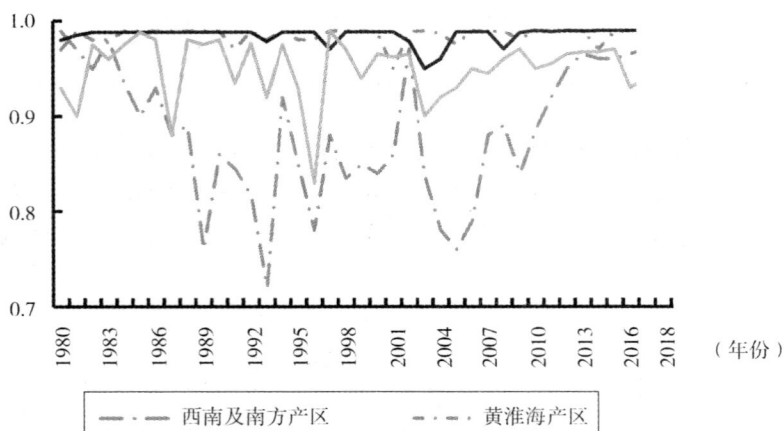

图 3　1980~2018 年各产区玉米生产效率均值

四、玉米生产效率影响因素分析

本文运用局部前沿分析法测算出玉米技术效率值。采用 Tobit 模型分析第一产业就业人数、有效灌溉率、种植业结构、机械投入等因素对效率值的影响，将效率值作为被解释变量，结合影响因素建立回归方程，回归结果如表 4 所示：

表 4　玉米生产技术效率影响因素回归结果

影响因素	系数	标准误
第一产业就业人数	−0.000	0.000
有效灌溉率	0.037***	0.060
种植业结构	−0.050**	0.041
机械投入	0.001***	0.000
人均 GDP	0.023*	0.017
常数项	0.934***	0.054

注：*、**、***分别表示在 10%、5%、1% 置信水平下显著。

除第一产业就业人数外，有效灌溉率、机械投入、人均 GDP 提升能有效改善玉米生产效率，玉米种植业比重提升不利于玉米生产效率的改善。由于我国玉米种植主要分布于北方地区，北方地区相对而言缺水严重，灌溉投入增加能有效改善玉米生产效率，其主要原因在于我国玉米主要分布于北方地区，北部地区相对而言缺水严重，改善灌溉系统能在很大程度上满足玉米生产的用水需求从而提升玉米生产效率。种植业结构在 5% 的显著性水平上为负，说明扩大玉米种植比例可能会阻碍玉米生产效率的提升，其可能原因在于，不同地区自然条件、技术水平存在差异，盲目扩大玉米种植面积不能改善玉米单产，从而不利于玉米生产效率的提高。农业机械化投入通过了 1% 统计水平的显著性检验。这意味着农业机械化投入水平越高农户获取机械化的服务越便捷，更容易实现玉米生产的合理分工，随着机械化服务水平提高，农户卷入分工经济的程度越高，从而越有利于玉米生产效率的提升（王雪娇和肖海峰，2016）。人均 GDP 对于玉米生产效率的影响表现为收入效应和替代效应（杨增旭和韩洪云，2011），即一方面收入增加，农户生产资金约束降低倾向于扩大要素投入提升玉米单产，另一方面农户倾向于提高投入要素质量，改善技术水平提升玉米单产，人均 GDP 在 10% 的水平上显著为正，表明人均 GDP 提升对玉米技术效率的影响以替代效应为主。

五、结论及政策启示

本文通过建立局部前沿法测算 1980~2018 年我国各主产省玉米生产技术效率，揭示其时空演变趋势，结果发现：我国玉米生产技术效率均值达到 0.9 以上，年度间波动不大；东北产区和黄淮海产区技术效率水平主导着生产前沿面的移动，西南及南方产区和西北产区仍有提升空间；除第一产业就业人数以外，有效灌溉率、种植业结构、机械投入、人均 GDP 均同玉米技术效率呈显著相关关系。

　　中国自然要素禀赋差异较大，不同地域的自然条件和经济社会发展水平不尽相同，玉米生产潜力在各地区及省份也呈现不一样的特征。已有研究表明，玉米生产存在技术进步，本文所测得的技术效率值得分较高，意味着存在双轮驱动，因此不仅要注重技术效率的提升还要注重技术进步。具体表现在以下三个方面：一是加大科技研发，提升玉米品质，通过技术进步以及生产条件的改善实现玉米单产的提高。这需要政府进一步提升科技投入、加强创新、为玉米生产提供科技支撑与保障，激发玉米生产潜力。二是加强农技推广，逐步完善农业灌溉设施，完善玉米生产机械化服务水平。现如今我国农业现代化技术正在推广，但推广进程缓慢且不同地区差异较大，因此，在推广技术方面应该扩大支持力度。这就要求推广成熟的测土配方施肥技术、推行滴灌节水技术、提升机械化水平等，降低生产成本，实现农机农艺结合，从而促进玉米生产效率的提高。三是加大政策支持力度。相比于其他产区，西北产区和西南及南方产区效率均值仍有提升空间，适时发挥政策引导作用，推行相关补贴政策，鼓励种植适合地区生产需求的玉米品种，提升玉米单产。

参考文献

　　[1] 李旻，王康康，张锦梅，田海洋．我国玉米生产技术效率与全要素生产率研究述评 [J]．农业经济，2020 (1)：29-31.

　　[2] 朱满德，李辛一，程国强．综合性收入补贴对中国玉米全要素生产率的影响分析——基于省级面板数据的 DEA-Tobit 两阶段法 [J]．中国农村经济，2015 (11)：4-14.

　　[3] 黄季焜，杨军，仇焕广．新时期国家粮食安全战略和政策的思考 [J]．农业经济问题，2012 (3)：6-10.

　　[4] 蒋乃华．从国际玉米市场态势看中国玉米经济发展策略 [J]．华中农业大学学报（社会科学版），2002 (3)：27-30.

　　[5] 陈欢，王全忠，周宏．中国玉米生产布局的变迁分析 [J]．经济地理，2015 (8)：167-173.

　　[6] 王琛，吴敬学．我国玉米产业生产技术效率与其影响因素研究——基于 2001~2011 年的省级面板数据 [J]．中国农业资源与区划，2015 (4)：23-32.

　　[7] 吴园，李波，郝艳睿．基于随机前沿模型的中国玉米种植业技术效率实证研究 [J]．玉米科学，2019 (4)：187-194.

　　[8] Aigner D J, Lovell C A K, Schmidt P. Formulation and Estimation of Stochastic Frontier Production Function Models [J]. Econometrics, 1997 (6)：21-37.

　　[9] Charnes A, Cooper W, Lewin A Y. Data Envelopment Analysis Theory, Methodology and Applications [J]. Journal of the Operational Research society, 1997, 48 (3)：332-333.

　　[10] Deprins D, Simar L, Tulkens H. Measuring Labour efficiency inpost offices [M]. Public Goods, Environmental Extenalities and Fiscal Competition. Springer, Boston, 2006：285-309.

　　[11] Ji Y, Lee C. Data Envelopment Analysis [J]. The Stata Journal, 2010, 10 (2)：267-280.

　　[12] Cazals C, Florens J P, Simar L. Nonparametric Frontier Estimation：A Robust Approach [J]. Journal of Econometrics, 2002, 106 (1)：1-25.

　　[13] Aragon Y, Daouia A, Thomas-Agnan C. Nonparametric Frontier Estimation：A Conditional Quantile-based Approach [J]. Econometric Theory, 2005, 21 (2)：358-389.

　　[14] 郭志超．我国玉米生产函数及技术效率分析 [J]．经济问题，2009 (11)：76-80.

　　[15] 杨国庆，刘天军．入 WTO 以来中国玉米生产效率评价——来自全国 15 个省的面板数据分析

[J]．广东农业科学，2013（3）：223-227.

[16] 杨增旭，韩洪云．化肥施用技术效率及影响因素——基于小麦和玉米的实证分析 [J]．中国农业大学学报，2011（1）：146-153.

[17] 杨春，陆文聪．中国玉米生产率增长、技术进步与效率变化：1990-2004 年 [J]．农业技术经济，2007（4）：36-42.

[18] 刘伟，朱新颜，李树超，孙兆明．农业产业化地区玉米生产技术效率研究 [J]．玉米科学，2020（1）：188-194.

[19] 王琛，吴敬学．我国玉米产业生产技术效率与其影响因素研究——基于 2001~2011 年的省级面板数据 [J]．中国农业资源与区划，2015（4）：25-34.

[20] 孙炜，李谷成，高雪．玉米生产成本效率的地区差异及其影响因素——基于 17 个主产省 2004-2015 年的数据 [J]．湖南农业大学学报（社会科学版），2018（2）：14-21+85.

[21] 张宏，王振华，姜合明．玉米生产的投入产出效率分析——基于吉林省玉米生产的实证研究 [J]．吉林农业大学学报，2011（6）：112-116.

[22] 王雪娇，肖海峰．中国玉米生产配置效率的空间关联效应及其影响因素研究 [J]．哈尔滨工业大学学报（社会科学版），2016（6）：131-137.

[23] 姚利好，郭颖梅．农机服务对玉米生产技术效率的影响研究 [J]．中国农机化学报，2019（12）：237-242.

[24] 王琦明，胡发龙，柴强．保护性耕作对小麦/玉米间作系统生产效率和可持续性的影响 [J]．中国生态农业学报（中英文），2019（9）：48-57.

[25] Farrell M J. The Measurement of Productive Efficiency [J]．J R Stat Soc Ser A Stat Soc, 1957, 120（3）：253-290.

[26] Wilson P W. Detecting Outliers in Deterministic Nonparametric Frontier Models with Multiple Outputs [J]．Journal of Business & Economic Statistics, 1993, 11（3）：319-323.

[27] Porembski M, Breitenstein K, Alpar P. Visualizing Efficiency and Reference Relations in Data Envelopment Analysis with an Application to the Branches of a German Bank [J]．Production Analysis, 2005, 23（2）：203-221.

[28] 亓寿伟，俞杰，陈雅文．中国基础教育支出效率及制度因素的影响——基于局部前沿效率方法的分析 [J]．财政研究，2016（6）：105-115.

[29] Silva T D, Martins-filho C, Ribeiro E. A Comparison of Nonparametric Efficiency Estimators：DEA, FDH, DEAC, FDHC, Order-m and Quantile [J]．Economics. Bulletin, 2016, 36（1）：118-131.

[30] 乔丹，陆迁．不同生态类型区玉米生产技术效率及有偏演进模式 [J]．华南农业大学学报（社会科学版），2016（5）：33-41.

[31] 夏春萍，刘文清．农业现代化与城镇化、工业化协调发展关系的实证研究——基于 VAR 模型的计量分析 [J]．农业技术经济，2012（5）：81-87.

[32] 潘经韬，李平，陈池波，孟权．农业机械化服务对玉米生产效率的影响——基于 2004~2017 年玉米主产区面板数据的实证分析 [J]．中国农机化学报，2020，41（316）：216-221.

[33] 李谷成，尹朝静，吴清华．农村基础设施建设与农业全要素生产率 [J]．中南财经政法大学学报，2015（1）：142-148.

[34] 郭庆海．中国玉米主产区的演变与发展 [J]．玉米科学，2010（1）：147-153.

[35] 刘洪军．黄淮海地区夏玉米产量潜力的变化及影响因素分析 [D]．山东农业大学硕士学位论文，2009.

[36] 肖俊夫，刘战东，陈玉民．中国玉米需水量与需水规律研究 [J]．玉米科学，2008（4）：27-31.

［37］杨克诚，向葵，潘光堂，荣廷昭．西南玉米新品种应具备的特征特性及区域主推品种的选择［J］．玉米科学，2010（1）：154-156.

［38］卢艳，崔燕平．1986~2007 年中国耕地面积时空变化分析［J］．信阳师范学院学报（自然科学版），2010（2）：90-94.

［39］陈芙蓉，赵一夫．中国玉米生产要素替代关系及技术进步路径分析——基于主产省 2000~2016 年数据［J］．湖南农业大学学报（社会科学版），2019（1）：32-40.

［40］吴敬学，杨巍，张扬．改革开放以来我国玉米生产技术进步研究［J］．农业展望，2010（3）：56-60.

［41］李晶晶，刘文明，姜天龙，郭庆海．玉米主产省玉米生产效率及收敛性分析［J］．吉林农业大学学报，2017（4）：120 - 125.

Changes of Maize Production Efficiency and Its Influencing Factors in China: 1980-2018

Tao Su-min

(*Institute of Food and Strategic Reserves*, *Nanjing University of Finance and Economics*, *Nanjing*, 210003, *China*)

Abstract: Based on the input-output data of China's major corn producing provinces from 1980 to 2018, the partial frontier analysis method was used to analyze the maize production efficiency and its evolution trend in each region. On this basis, with the help of Tobit model, the influencing factors of maize production efficiency were investigated. The results showed that the technical efficiency of maize production in China fluctuated slightly, reaching more than 0.9. The technical efficiency level of the Northeast production area and Huang Huai Hai production area dominates the movement of production frontier, and there is still room for improvement in southwest, southern and northwest production areas. The improvement of effective irrigation rate, planting structure and mechanization investment is conducive to improving maize production efficiency, while the improvement of corn planting structure is not conducive to improving maize production efficiency. Therefore, this paper puts forward some policy measures, such as increasing scientific research and development, improving irrigation facilities, improving mechanization level and expanding policy support.

Key Words: Maize; Partial Frontier Analysis; Tobit Model; Influencing Factors

基于人均产量的中美及世界
大豆供需态势分析[①]

蔡承智[1]　刘尧尧[2]　何柳欢[1]　熊艺龙[1]　王辉[2]　耿坤[3]

(1. 贵州财经大学经济研究所, 贵阳　550025; 2. 贵州大学经济学院, 贵阳　550025;

3. 贵阳市农业农村局, 贵阳　550081)

摘　要: 大豆是重要的粮、油作物, 是中美农产品贸易的主要对象。研究中美及世界大豆供需态势, 旨在为我国大豆外贸提供决策参考信息。迄今为止, 运用"时间序列"方法分析中美及世界大豆供需态势的研究鲜见报道。为此, 本文基于 1961~2018 年数据、运用 ARIMA (自回归单整移动平均) 模型预测分析 2023 年前中美及世界大豆人均产量以间接反映产品供需态势。研究表明: 2019 年、2020 年、2021 年、2022 年和 2023 年, 基于 ARIMA (0, 1, 2) 模型预测的中国大豆人均产量维持在 9.1 公斤左右, 基于 ARIMA (1, 1, 2) 模型预测的同期美国大豆人均产量分别为 385.0 公斤、395.0 公斤、404.0 公斤、414.0 公斤和 424.0 公斤, 基于 ARIMA (0, 1, 1) 模型预测的同期世界大豆人均产量分别为 49.0 公斤、50.0 公斤、52.0 公斤、53.0 公斤和 55.0 公斤。该结果意味着 2023 年前: 中国大豆总产提高与人口增长将基本持平、国内产量仍将供不应求; 美国大豆人均产量远高于世界水平且持续增长、大豆供过于求; 世界大豆总产提高快于人口增长、相对供给增加; 中国大豆供需态势总体可控, 在中美贸易摩擦中能够积极应对自美大豆进口。

关键词: 中美; 世界; 大豆; 产量; 供需

　　大豆是重要的粮、油作物, 研究中美及世界大豆供需态势, 可为我国大豆外贸提供决策支持。迄今为止, 学界对中美及世界大豆供需的研究主要体现在区域差异、科技进步影响、贸易趋势及政策等方面。

　　在区域差异方面, 例如, 当今世界大豆主要生产国有美国、巴西、阿根廷和印度等, 中国是"大豆的故乡"(潘崇义和薛洁, 1995); 中国由 1996 年前的大豆净出口国和最大生产国之一转为世界最大的净进口国 (蓝昊和宣亚南, 2008); 大豆豆粕是养殖业饲料的主要成分, 肉蛋奶的消费增长间接拉动了大豆的生产及贸易 (李昕和徐滇庆, 2009); 近年来中国大豆国际竞争力有所增强, 但国内生产仍远不能满足消费需求 (廖翼和姚屹, 2015); 巴拉圭、阿根廷和巴西的大豆出口在国际市场具有较高的价格竞争力 (Im, 2015); 近几十年, 随着亚洲经济的增长, 对大豆的 (食品和油料) 需求也相应增加

---

①　收稿日期: 2020-12-23

　　基金项目: 贵阳市重大科技专项 (筑科合同〔2020〕2 号)。

（Sang-hyeon and Soo-Jung，2017）；持续增长的产量及国际市场需求是引起世界大豆产品出口增长的主要原因（孙致陆，2019）。

在科技进步影响方面，例如，随着基因技术的发展，促进大豆生产成本的降低，大豆供给及在改善世界人民膳食质量方面都有巨大潜力（Hartman，2011）；一国转基因大豆商业化程度对其大豆出口量有显著影响（谭涛和沈洁，2012）。

在贸易趋势及政策方面例如，2013 年世界大豆供求关系宽松，国际大豆价格在 2014 年出现下降趋势（孟丽和徐明，2014）；2018 年美国政府利用 301 条款对中国发起贸易战后，中国政府对美大豆征收 25%的关税，由此产生不利影响（顾崴，2018）；中国政府从 2018 年 7 月 1 日起对原产于印度等国家的部分进口货物使用新的协定税率，其中，大豆的进口关税税率从 3%降到 0，对其大豆生产产生相应促进作用（李春顶，2018）；未来高产国家进一步提高大豆单产将变得越来越困难，世界总产及供给的提高将主要依靠中、低产国家耕地改良及技术进步（蔡承智等，2018）；2018 年全球大豆库存小幅下降，但总产仍为历史新高，高达 3.63 亿吨（赵燕，2018）；由于需求增长和生产限制，因此中国不得不进口大量大豆。

综上所述，预测分析中美及世界大豆供需态势，尚鲜见文献报道。因此，本文运用 ARIMA（自回归单整移动平均）模型预测分析 2023 年前中美及世界大豆供需态势，旨在为我国大豆进口贸易提供决策参考信息。

一、中美及世界大豆人均产量预测分析

（一）数据来源及预测模型

1. 数据来源

大豆作为世界重要的粮、油作物，供给增加依靠产量提高、需求上升源于人口数量与人均消费量增加的共同作用。当大豆总产提高快于消费增长时，绝对供给增加、相对需求减少、供需态势松弛；反之供需态势紧张。因此，本文基于 1961～2018 年中美及世界大豆人均产量（产量除以人口数量）变化、预测分析 2023 年前产品供需态势。

1961～2018 年中美及世界大豆人均产量如表 1 所示。

表 1　1961～2018 年中美及世界大豆人均产量

单位：公斤

年份	中国人均产量	美国人均产量	世界人均产量	年份	中国人均产量	美国人均产量	世界人均产量
1961	9.2	97.4	8.7	1990	9.2	207.6	20.3
1962	9.4	94.7	8.6	1991	8.0	212.0	19.0
1963	9.8	97.6	8.8	1992	8.4	231.5	20.7
1964	11.0	96.6	8.9	1993	12.3	195.7	20.6
1965	8.4	115.2	9.5	1994	12.7	260.5	24.0
1966	11.0	125.1	10.7	1995	10.7	222.7	22.1
1967	10.7	130.3	10.9	1996	10.4	241.0	22.3

续表

年份	中国人均产量	美国人均产量	世界人均产量	年份	中国人均产量	美国人均产量	世界人均产量
1968	10. 1	146. 3	11. 7	1997	11. 4	268. 9	24. 4
1969	9. 4	148. 5	11. 6	1998	11. 7	270. 7	26. 7
1970	10. 4	146. 4	11. 8	1999	10. 9	259. 0	26. 0
1971	10. 0	151. 4	12. 1	2000	11. 7	266. 2	26. 3
1972	7. 4	162. 1	12. 3	2001	11. 7	276. 2	28. 4
1973	9. 3	195. 7	15. 1	2002	12. 4	260. 9	28. 7
1974	8. 2	152. 4	13. 1	2003	11. 5	230. 3	29. 9
1975	7. 8	192. 2	15. 8	2004	13. 0	290. 6	31. 8
1976	7. 0	158. 5	13. 8	2005	12. 1	282. 9	32. 8
1977	7. 5	215. 4	17. 5	2006	11. 1	292. 1	33. 4
1978	7. 7	225. 6	17. 5	2007	9. 3	242. 4	32. 8
1979	7. 5	270. 3	20. 2	2008	11. 3	266. 2	34. 0
1980	7. 8	212. 9	18. 2	2009	10. 8	298. 8	32. 5
1981	9. 1	234. 7	19. 5	2010	10. 8	293. 7	38. 1
1982	8. 6	254. 6	19. 9	2011	10. 4	271. 0	37. 1
1983	9. 2	188. 4	16. 9	2012	9. 3	264. 2	33. 8
1984	9. 0	212. 3	19. 0	2013	8. 5	289. 6	38. 5
1985	9. 6	237. 2	20. 8	2014	8. 6	336. 4	42. 0
1986	10. 4	217. 5	19. 0	2015	8. 3	334. 3	43. 9
1987	10. 7	214. 9	19. 8	2016	8. 9	363. 8	44. 9
1988	10. 1	170. 2	18. 2	2017	9. 1	368. 4	46. 7
1989	8. 7	209. 3	20. 5	2018	9. 7	378. 1	45. 7

资料来源：联合国粮食及农业组织（UN-FAO）。

从表 1 可见，1961~2018 年：中国大豆人均产量总体维持低水平稳定，2004 年最高（13. 0 公斤）、1976 年最低（7. 0 公斤）；美国大豆人均产量远高于世界水平且在波动中上升，2018 年最高（378. 1 公斤）、1962 年最低（94. 7 公斤）；世界大豆人均产量几乎稳定上升，2017 年最高（46. 7 公斤）、1962 年最低（8. 6 公斤）。

2. 预测模型

ARIMA 模型属于时间序列预测分析方法。所谓时间序列，在统计意义上就是将某一个指标在不同时间上的不同数值，按照时间的先后顺序排列而成的数列。时间序列分析是预测研究的一个重要分支，时间序列分析的理论基础是（平稳）随机过程。即通过分析平稳随机过程，能透过表面的若干偶然事件揭示事物内在的必然规律（或趋势）；从偶然中悟出必然，是这一方法的精髓和魅力所在；优点在于以时间趋势来集中反映变量的若干影响因素的综合作用，无须考虑不同因子的贡献及互作。ARIMA 模型的形式为 ARIMA（p，d，q）。其中，p、d 和 q 分别表示自回归项数、时间序列成为平稳序列时所做的差分次数和移动平均项数。ARIMA 模型的数学表达式为：

$$\left[1 - \sum_{i=1}^{p} \phi_i L^i\right](1-L)^d X_t = \left[1 + \sum_{i=1}^{q} \theta_i L^i\right]\varepsilon_t$$

$$(1)$$

式（1）中，L 表示滞后算子，$\phi(L)$ 表示平稳的自回归算子，$\theta(L)$ 表示可逆的移动平均算子，$d \in z$（目标变量）。

（中美及）世界人口数量及大豆产量总体上随时间（年代）而增长，可以说是客观存在的一种必然趋势。因此，可以运用 ARIMA 模型对中美及世界大豆供需态势进行预测分析。

运用 ARIMA 模型预测中美及世界大豆供需态势，基于 1961~2018 年、预测 2019~2023 年（时段越长、信度越低），主要考虑我国经济发展常常设计为 5 年期计划。逻辑步骤如下：首先，对变量的历史数值取对数以消除异方差，并进行"时间序列"平稳性检验，（不平稳时）通过"差分"建立"平稳序列"；其次，基于变量历史数值的"平稳序列"建立 ARMA（1，2）、ARMA（1，1）、AR（1）、MA（2）和 MA（1）共五种基础模型；再次，运用五种基础模型拟合变量历史数值（拟合样本数等于预测样本数），选择最佳拟合度并通过效度检验的基础模型构建预测模型；最后，检验、运用 ARIMA（p，d，q）模型预测变量未来值。

（二）中美及世界大豆供需态势

1. 2023 年前中美及世界大豆人均产量预测

基于 ARIMA 模型的 2019~2023 年中美及世界大豆人均产量预测过程如下：

（1）2019~2023 年中国大豆人均产量预测。1961~2018 年中国大豆人均产量对数值序列非平稳（ADF 单位根检验的 t 统计量为 -3.209363、1% 水平检验临界值为 -4.127338），一阶差分后成为平稳序列（ADF 单位根检验的 t 统计量为 -9.738082、1% 水平检验临界值为 -3.552666）。为此，基于该平稳序列建立中国大豆 2014~2018 年人均产量拟合基础模型（见表 2）：

表 2 2014~2018 年中国大豆人均产量基础模型拟合方程式

模型	方程式
ARMA（1，2）	$\ln prc_t = -0.001182 + 1.227046\ln prc_{t-1} - 0.227046\ln prc_{t-2} + \varepsilon_t - 0.595942\varepsilon_{t-1} - 0.022525\varepsilon_{t-2}$
ARMA（1，1）	$\ln prc_t = -0.001228 + 1.270172\ln prc_{t-1} - 0.270172\ln prc_{t-2} + \varepsilon_t - 0.641086\varepsilon_{t-1}$
AR（1）	$\ln prc_t = 0.000397 + 0.723383\ln prc_{t-1} + 0.276617\ln prc_{t-2} + \varepsilon_t$
MA（2）	$\ln prc_t = -0.000441 + \varepsilon_t - 0.366913\varepsilon_{t-1} - 0.120566\varepsilon_{t-2}$
MA（1）	$\ln prc_t = -0.0000859 + \varepsilon_t - 0.414660\varepsilon_{t-1}$

注：方程中 prc 表示"中国大豆人均产量"。

表 2 中五种基础模型 2014 年、2015 年、2016 年、2017 年和 2018 年的拟合值比实际值分别为（+、- 分别表示拟合值比实际值增加、减少）：ARMA（1，2）模型的 +6.4%、+10.3%、+2.1%、-0.3% 和 -6.2%，平均 +2.5%；ARMA（1，1）模型的 +6.4%、

+10.3%、+2.1%、-0.3%和-6.2%，平均+2.5%；AR（1）模型的+16.9%、+21.2%、+12.2%、+9.6%和+3.1%，平均+12.6%；MA（2）模型的+6.4%、+10.3%、+2.1%、-0.3%和-6.2%，平均+2.5%；MA（1）模型的+7.6%、+11.5%、+3.2%、+0.8%和-5.2%，平均+3.6%。即：五种基础模型中，ARMA（1，2）模型、ARMA（1，1）模型和 MA（2）模型的拟合效果一样，但 MA（2）模型的 AIC（赤池信息准则）值最低（-1.467959）。故，依据 MA（2）基础模型［2014～2018 年拟合值与实际值之间的平均误差（ME）小于 10%］构建 ARIMA（0，1，2）预测模型、预测中国大豆 2019～2023 年人均产量。

中国大豆人均产量 ARIMA（0，1，2）预测模型的 MA 根倒数（0.58 和-0.21）的绝对值均小于 1.00，该预测模型通过稳定性检验。2019 年、2020 年、2021 年、2022 年和 2023 年中国大豆人均产量预测值维持在 9.1 公斤左右。即：2019～2023 年中国大豆人均产量将保持基本稳定，表明供不应求态势将持续。

（2）2019～2023 年美国大豆人均产量预测。1961～2018 年美国大豆人均产量对数值序列非平稳（ADF 单位根检验的 t 统计量为-3.831396、1%水平检验临界值为-4.127338），一阶差分后成为平稳序列（ADF 单位根检验的 t 统计量为-12.63111、1%水平检验临界值为-3.552666）。基于该平稳序列建立 2014～2018 年美国大豆人均产量拟合基础模型如表 3 所示：

表 3　2014～2018 年美国大豆人均产量基础模型拟合方程式

模型	方程式
ARMA（1，2）	$lnusa_t = 0.024272 + 0.413311lnusa_{t-1} + 0.586689lnusa_{t-2} + \varepsilon_t + 0.00928\varepsilon_{t-1} - 0.195069\varepsilon_{t-2}$
ARMA（1，1）	$lnusa_t = 0.024463 + 0.774414lnusa_{t-1} + 0.225586lnusa_{t-2} + \varepsilon_t - 0.358581\varepsilon_{t-1}$
AR（1）	$lnusa_t = 0.024403 + 0.507140lnusa_{t-1} + 0.492860lnusa_{t-2} + \varepsilon_t$
MA（2）	$lnusa_t = 0.024302 + \varepsilon_t - 0.587495\varepsilon_{t-1} + 0.109968\varepsilon_{t-2}$
MA（1）	$lnusa_t = 0.023971 + \varepsilon_t - 0.521963\varepsilon_{t-1}$

注：方程中 usa 表示"美国大豆人均产量"。

表 3 中五种基础模型 2014 年、2015 年、2016 年、2017 年和 2018 年的拟合值比实际值分别为：ARMA（1，2）模型的+1.4%、+4.7%、-1.6%、-0.4%和-0.6%，平均+0.7%；ARMA（1，1）模型的+1.4%、+4.7%、-1.3%、-0.4%和-0.3%，平均+0.8%；AR（1）模型的+2.0%、+5.0%、-1.0%、+0.2%和0.0%，平均+1.2%；MA（2）模型的+3.7%、+6.8%、+0.6%、+1.8%和+1.6%，平均+2.9%；MA（1）模型的+2.3%、+5.6%、-0.8%、+0.4%和+0.2%，平均+1.6%。表明 ARMA（1，2）基础模型（ME 小于 10%）的拟合度最优，故以此构建 ARIMA（1，1，2）预测模型、预测 2019～2023 年美国大豆人均产量。

美国大豆人均产量 ARIMA（1，1，2）预测模型的 AR 根倒数（-0.59）和 MA 根倒数（0.44 和-0.45）的绝对值均小于 1.00，即该预测模型是稳定的。2019 年、2020 年、2021 年、2022 年和 2023 年美国大豆人均产量预测值分别为 385.0 公斤、395.0 公斤、

404.0 公斤、414.0 公斤和 424.0 公斤。即 2019~2023 年美国大豆人均产量将逐年增加，表明将保持供大于求优势。

（3）2019~2023 年世界大豆人均产量预测。1961~2018 年世界大豆人均产量对数值序列非平稳（ADF 单位根检验的 t 统计量为 -2.526137、1% 水平检验临界值为 -4.130526），一阶差分后成为平稳序列（ADF 单位根检验的 t 统计量为 -13.58863、1% 水平检验临界值为 -3.552666）。基于该平稳序列建立 2014~2018 年世界大豆人均产量拟合基础模型如表 4 所示：

表 4　2014~2018 年世界大豆人均产量基础模型拟合方程式

模型	方程式
ARMA（1，2）	$lnwor_t = 0.030039 + 0.393579 lnwor_{t-1} + 0.60642 lnwor_{t-2} + \varepsilon_t - 0.042232\varepsilon_{t-1} - 0.185509\varepsilon_{t-2}$
ARMA（1，1）	$lnwor_t = 0.030197 + 0.700086 lnwor_{t-1} + 0.299914 lnwor_{t-2} + \varepsilon_t - 0.358950\varepsilon_{t-1}$
AR（1）	$lnwor_t = 0.029891 + 0.451379 lnwor_{t-1} + 0.548621 lnwor_{t-2} + \varepsilon_t$
MA（2）	$lnwor_t = 0.030066 + \varepsilon_t - 0.662331\varepsilon_{t-1} + 0.156751\varepsilon_{t-2}$
MA（1）	$lnwor_t = 0.029925 + \varepsilon_t - 0.566140\varepsilon_{t-1}$

注：方程中 *wor* 表示"世界大豆人均产量"。

表 4 中五种基础模型 2014 年、2015 年、2016 年、2017 年和 2018 年的拟合值比实际值分别为：ARMA（1，2）模型的 0、-1.8%、-2.0%、-1.5% 和 +2.8%，平均 -0.5%；ARMA（1，1）模型的结果同 ARMA（1，2）模型；AR（1）模型的 -2.4%、-1.8%、-2.0%、-3.6% 和 +2.8%，平均 -1.4%；MA（2）模型的 0、-1.8%、+0.2%、-1.5% 和 +5.0%，平均 +0.4%；MA（1）模型的 0、-1.8%、+0.2%、-1.5% 和 +2.8%，平均 -0.1%。表明 MA（1）基础模型（ME 小于 10%）的拟合效果最好，故以此构建 2019~2023 年世界大豆人均产量 ARIMA（0，1，1）预测模型。

世界大豆人均产量 ARIMA（0，1，1）预测模型的 MA 根倒数（0.57）的绝对值均小于 1.00，表明该预测模型通过稳定性检验。2019 年、2020 年、2021 年、2022 年和 2023 年世界大豆人均产量预测值分别为 49.0 公斤、50.0 公斤、52.0 公斤、53.0 公斤和 55.0 公斤。即：2019~2023 年世界大豆人均产量将逐年增加，表明相对供给将增加。

2. 1961~2023 年中美及世界大豆供需态势

1961~2023 年中美及世界大豆人均产量变化态势如图 1 所示。

如图 1 所示，1961~2023 年（预测）：中国及世界大豆人均产量的模型估计值与实际值总体趋势比较吻合、美国大豆人均产量的实际值波动较大，中国大豆人均产量总体维持低水平状态、美国在波动中提高、世界呈现稳定上升态势；中国大豆人均产量稳中有降、与世界水平差距在扩大，例如 1961 年、1971 年、1981 年、1991 年、2001 年、2011 年和 2023 年分别为 9.2 公斤、10.0 公斤、9.1 公斤、8.0 公斤、11.7 公斤、10.4 公斤和 9.1 公斤，分别是世界水平的 105.5%、82.9%、46.4%、42.1%、41.1%、27.9% 和 16.5%，表明中国大豆总产提高带来的产品供给增加不足以满足人口数量增长引起的需求上升，人均消费的增加、人民生活水平的提高主要依靠扩大产品进口；同期美国大豆人均产量远高于

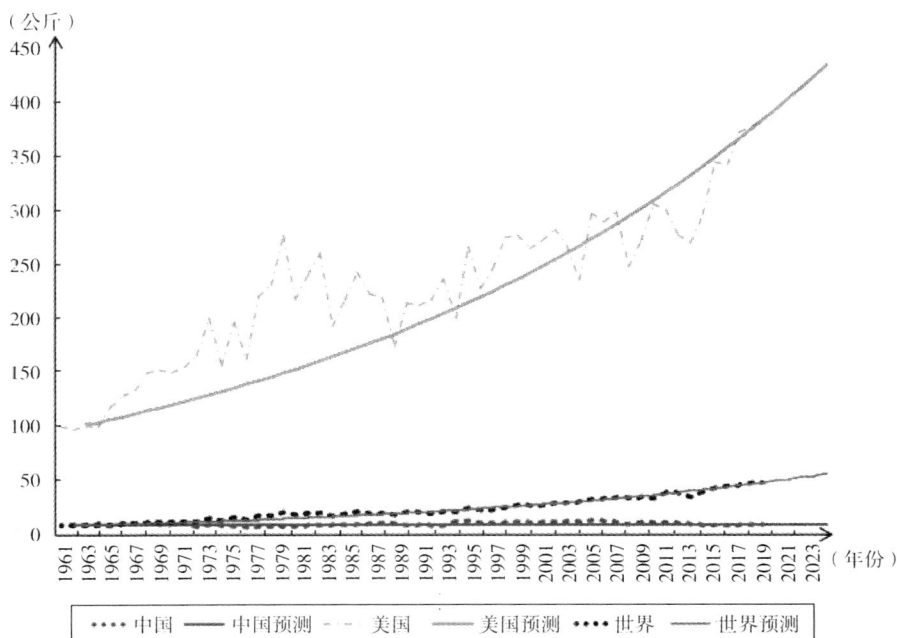

图 1　1961～2023 年中美及世界大豆人均产量变化态势

资料来源：1961～2018 年中国、美国以及世界大豆人均产量数据来自联合国粮食及农业组织网站，2019～2023 年中国、美国以及世界大豆人均产量数据由作者根据预测结果绘制。

世界水平且呈波动中上升态势，如 1961 年、1971 年、1981 年、1991 年、2001 年、2011 年和 2023 年分别为 97.4 公斤、151.4 公斤、234.7 公斤、212.0 公斤、276.2 公斤、271.0 公斤和 424.0 公斤，分别是世界水平的 11.2 倍、12.5 倍、12.0 倍、11.2 倍、9.7 倍、7.3 倍和 7.7 倍，表明美国作为世界头号大豆生产国，大豆供给远超国内需求、大量出口国际市场，虽然总产占世界的份额在减少，但仍保持强大的优势地位；同期世界大豆人均产量除 20 世纪 90 年代表现迟滞外几乎呈稳定增加态势，如 1961 年、1971 年、1981 年、1991 年、2001 年、2011 年和 2023 年分别为 8.7 公斤、12.1 公斤、19.5 公斤、19.0 公斤、28.4 公斤、37.1 公斤和 55.0 公斤，表明世界大豆总产提高快于人口增长，产品相对供给增加，人均消费增加。

二、讨论与结论

（一）讨论

本文以"时间序列"方法中的 ARIMA 模型，基于人均产量、预测分析中美及世界大豆供需态势。该方法以因变量的滞后项作为自变量，在本研究中以大豆人均产量随时间（年份）的变化来间接反映产品供需平衡状况，不考虑大豆总产和人口数量的具体变化。这是一种直接基于"序列"时间趋势的预测分析方法。只要变量随时间推移表现出某种变化规律，模型运行过程中符合相应检验要求，则预测结果有效。例如，基于 1961～2017 年数据预测 2018 年大豆人均产量，预测值比实际值分别为中国-9.3%、美国+0.7%、世界+5.0%；误差均在 10%以内。

学界在中美及世界大豆供需、贸易方面的研究成果，迄今多数基于局部、区域层面或特定贸易政策（事件）视角；而政府或联合国粮食与农业组织（UN-FAO）的预测，常常是根据当年的种植面积及单产测算总产、估计供给。有鉴于此，本文尝试从世界大豆的生产与消费（历史）来帮助认识中国的供需态势；与其他相关研究的主要不同之处在于没有考虑价格、技术进步、自然灾害及贸易政策等因素对大豆供求关系的影响。

中美分别是世界大豆最大的消费国和生产国。大豆作为中国的重要粮、油作物，其副产品多用作饲料。中国大豆的人均消费量远高于世界水平，有深厚的饮食文化渊源，例如，以大豆为原料的食品可谓种类繁多。本文对中美及世界大豆供需态势的预测分析，旨在为中国大豆进口贸易提供决策参考。基于产品供需态势、针对中美贸易摩擦，可考虑以下三个对策：一是拓宽大豆进口贸易渠道，降低对美进口的依赖；二是节本增效、促进生产，提高自给率；三是因地制宜扩种补偿性作物，缓解特殊情况下大豆短缺带来的产品供给紧张态势。

（二）结论

本研究表明，2019~2023 年中国大豆总产提高与人口增长将基本持平、国内产量仍将供不应求；美国大豆人均产量远高于世界水平且持续增长、大豆供过于求；世界大豆总产提高快于人口增长、相对供给增加；中国大豆供需态势总体可控，在中美贸易摩擦中能够积极应对自美大豆进口。

参考文献

[1] 潘崇义，薛洁. 世界大豆的发展与预测 [J]. 农业系统科学与综合研究，1995，11（1）：59-62.

[2] 蓝昊，宣亚南. 世界大豆贸易格局的演变及对我国的启示 [J]. 国际贸易问题，2008，34（6）：39-44.

[3] 李昕，徐滇庆. 大豆需求与全球资源的优化配置 [J]. 财经问题研究，2009，31（10）：10-15.

[4] 廖翼，姚屹浓. 世界大豆贸易格局及国际竞争力研究 [J]. 世界农业，2015，37（7）：114-117，208.

[5] Im J. Brazil's Agricultural Situation and Export Competitiveness of Soybean in the World and Korean Market [J]. The Journal of the Korean Society of International Agriculture，2015，27（5）：600-608.

[6] Sang-hyeon L, Soo-Jung A. An Analysis on Changing Factors of World Soybean Markets [J]. The Journal of the Korean Society of International Agriculture，2017，29（1）：18-25.

[7] 孙致陆. 世界大豆产品贸易变动及其效应分解 [J]. 华南农业大学学报（社会科学版），2019，18（2）：84-96.

[8] Hartman G L, West E D, Herman T K. Crops That Feed the World：Soybean-World Wide Production, Use, and Constraints Caused by Pathogens and Pests [J]. Food Security，2011，3（1）：5-17.

[9] 谭涛，沈洁，李道国. 全球视角下转基因生物安全监管政策对大豆出口贸易的影响分析 [J]. 中国农村经济，2012，28（7）：84-92.

[10] 孟丽，徐明. 2013 年世界大豆供需分析及 2014 年展望 [J]. 世界农业，2014，36（9）：109-112，196.

[11] 顾崴. 未来全球大豆贸易格局或发生变化 [J]. 黑龙江粮食, 2018（4）: 19-20.

[12] 李春顶. 大豆进口零关税给全球贸易送来清凉 [N]. 21 世纪经济报道, 2018-07-02.

[13] 蔡承智, 张建威, 梁颖. 基于 ARIMA 模型的世界大豆单产预测分析 [J]. 大豆科学, 2018, 37（3）: 452-457.

[14] 赵燕. 全球供应依然宽松　大豆市场继续承压 [N]. 期货日报, 2018-02-12.

Analysis of the Situation and Trendin Supply & Demand of Soybean Based on Output per Capita in China, USA and the World

Cai Cheng-zhi[1], Liu Yao-yao[2], He Liu-huan[1], Xiong Yi-long[1], Wang Hui[2], Geng Kun[3]

（1. *Economic Institute, Guizhou University of Finance and Economics, Guiyang, 550025, China*;

2. *Economic School, Guizhou University, Guiyang, 550025, China*;

3. *Agricultural and Rural Bureau of Guiyang City, Guiyang, 550081, China*）

Abstract: Soybean is an important food & oil crop and major content of agricultural product trade between China and USA. Thus in this research, the situation and trend in supply & demand of soybean in China, USA and the world, was analyzed in order to provide the reference of decision-making information for China's soybean foreign trade. Up to now, there are very few research reports based on "ime seriest" approach used for analyzing the situation and trend in supply & demand of soybean in China, USA and the world. Therefore in this paper ARIMA (Auto-regressive Integrated Moving Average) model is used for projecting and analyzing per capita output of soybean in China, USA and the World by 2023 based on the data from 1961 to 2018 to indirectly reflect the situation and trend in supply & demand. The results show that respectively in 2019, 2020, 2021, 2022 and 2023 for soybean: Chinese output per capita is respectively projected using ARIMA (0, 1, 2) model and resulted with all 9.1 kg or so, while American output per capita projected using ARIMA (1, 1, 2) model and resulted with 385.0, 395.0, 404.0, 414.0 and 424.0 kg, and world output per capita projected using ARIMA (0, 1, 1) model and resulted with 49.0, 50.0, 52.0, 53.0 and 55.0 kg. This results mean that by 2023: in China the production quantity rise of soybean almost meets the increase of population, and the demand far exceeds supply; in USA soybean output per capita is much higher than world level and continuously rising, and the supply greatly exceeds demand; in the world the production quantity rise of soybean surpasses the increase of population, consequently relative supply is increasing. Thus, Chinese situation of soybean import trade is generally controllable, and China is able to respond positively to the import from UAS in the friction of trade.

Key Words: China and America; World; Soybean; Supply & Demand; Situation and Trend

农地确权有助于提高农户脱贫能力吗？[①]
——基于贫困脆弱性的视角

付　宇[1]　　潘旭文[2]

（1. 南京财经大学　粮食和物资学院，江苏　南京　210023；
2. 上海财经大学　公共经济与管理学院，上海　200433）

摘　要："后脱贫时代"，如何巩固脱贫攻坚成果、建立防止返贫长效机制，是推进我国普惠式发展和实现可持续减贫目标必须面对和回答的问题。基于 2014 年和 2016 年中国劳动力动态调查数据，系统考察了农地确权对农户脱贫能力的影响，研究发现：①农地确权颁证有助于降低农户未来陷入贫困的可能性；②农地确权显著提高了农户土地承包和外出务工的意愿，且对土地转入农户贫困脆弱性的改善作用要好于土地转出农户；③土地产权制度的明晰，提高了土地转入农户参与农业合作社的积极性，缓解了农业生产的融资约束，但并未增加土地承包农户的农业机械持有意愿和外出务工农户的财产性收入。因此，应当继续创新流转土地利用方式，推动农业专业化分工和落实农地经营权抵押政策，以提高农业经济效益和稳定预期收益，这也是发挥土地减贫效用和保障作用的关键。

关键词：农地确权；可持续减贫；贫困脆弱性；Tobit 模型

一、引言

　　自新中国成立 70 年来，我国的农村扶贫工作取得了巨大成就，创造了世界减贫史上的伟大奇迹，成为首个完成联合国千年发展目标中减贫目标的发展中国家，为世界减贫事业做出了中国贡献。然而，不容忽视的现实是，当前我国的脱贫攻坚任务仍然艰巨繁重，贫困人口脱贫已成为全面建成小康社会的底线任务和重要指标。并且在完成脱贫攻坚任务之后，如何巩固脱贫成果、建立解决相对贫困的长效机制，仍需不断探索，以实现可持续减贫目标。

　　我国的农村改革起始于农民与土地关系的调整，在新形势下的深化农村改革主线仍是处理好农民与土地的关系。农村土地制度是农村的基础性制度，以土地归属和土地利用为核心的农村土地制度调整必然会造成由其衍生的其他农村经济和社会关系的变动（陈锡文，2018）。2013 年开始在全国范围内开展的农村土地确权工作，以确权的方式明晰了政府、村集体和农户的土地权利边界，构建起较为完整的农村资产财产权益体系。虽然农村土地确权工作已于 2018 年结束，但其所带来的影响仍值得深入研究，尤其是对于之后的

①　收稿日期：2020-12-20

宅基地三权分置工作有很强的参考借鉴价值。并且纵观历史，土地一直被视为最重要的生产资料，而土地产权制度作为农业经济和农村发展的基石，已经不适应当前农村发展的形势，需要改革土地产权制度来确保脱贫攻坚工作的全面推进。

关于农地确权改革对农民收入影响的研究，诸多学者普遍认可农地确权的增收效应（薛凤蕊等，2015；李中，2013；骆永民和樊丽明，2015；冒佩华，2015）。例如，骆永民和樊丽明（2015）认为，土地对农民总收入的影响会随着经济环境的变化而转换于"阻碍"和"保障"两种角色之间，需要完善农地流转制度以增强土地对农民增收的保障作用。但也有学者对上述观点提出质疑，柯炼等（2019）研究发现，土地流转政策并未显著提高地区农民收入水平，原因在于土地流转无法对农业生产效率等影响农民收入的因素产生有效影响。此外，不少研究对土地流转的增收效应还有更加深入的发现。一方面，土地流转的增收效应具有很强的"非对称性"，租出土地的农户家庭的收入增长幅度要显著高于租入土地的农户家庭（冒佩华，2015），且表现在农地流转对农户不同类别收入影响的方向上（刘俊杰等，2015；钱忠好和王兴稳，2016）；另一方面，农地流转在一定程度上也加剧了农民收入分配的不平等（朱建军和胡继连，2015）。

当前的诸多研究也关注到了农地确权改革的减贫效应。根据已有文献研究发现，一方面，一些学者认为农地流转具有减贫效应，农地流转或土地确权主要通过促进农村劳动力转移、获取土地转出的财产性收入和缓解信贷约束来帮助贫困农户脱贫（夏玉莲等，2017；宁静等，2018）；另一方面，农地流转的减贫效应更多地体现在农地流出方面，无法实现极端多维贫困农户的减贫任务，且农地流转不是影响贫困户与非贫困户家庭人均纯收入差异的关键因素（蔡洁和夏显力，2018；刘魏和王小华，2019）。

对于农地确权改革减贫效果的研究仍处于不断探索的阶段。除了更进一步地分析影响减贫效果的约束条件和机制路径以外，相关文献的研究都只关注了农地确权对当前农户脱贫的影响，未涉及减贫效应的持续性分析。而脱贫攻坚工作作为全面建成小康社会的重要组成部分，农户的长期脱贫更符合两个百年奋斗目标的内在要求。因此，仅关注短期的农户减贫对相关政策的制定和实施，将难以具有完整的参考价值，进一步分析农地流转政策对未来贫困的影响具有重要的现实意义。

基于 2014 年和 2016 年中国劳动力动态调查（CLDS）数据，并利用测算的农户贫困脆弱性指标，本文从微观层面分析了农地确权颁证对农户未来减贫的影响以及其中的农户行为决策和作用机制。具体而言，《农村土地承包经营权证》的颁发对农户的脱贫能力有何影响？农户在面对日益明晰的土地产权时，会有何种行为决策？而这种行为决策对农户贫困脆弱性会有什么影响？其中的传导机制是什么？本文试图通过对上述问题的回答，为新时期土地政策调整和可持续减贫目标的实现提供相关政策建议。

二、理论分析

自 20 世纪 90 年代以来，以阿马蒂亚·森为代表的发展经济学家们对贫困内涵的理解不断深入，逐渐从单一的收入贫困视角转向包含经济、社会、政治、文化等方面的多维视角，认为贫困不仅是收入低下，而且是可行能力不足的结果。"能力贫困"相比于"收入贫困"拥有更丰富的内涵和更广阔的视角，因为传统的"收入贫困"概念主要关注的是贫困者收入,而"能力贫困"则关注的是贫困者获得持续性自我发展的能力和手段,更强调改变贫困状况的能力。因此,在总结和归纳已有研究的基础上,本文着重从"能力脱贫"的角度,即贫困脆弱性的视角,构建新一轮农地确权政策影响农户未来减贫的理论分析框架。

(一) 农地确权与农户行为决策

新一轮土地确权登记颁证赋予了农户更加完整且正式的土地承包经营权证明。一方面,农地确权增强了土地的产权强度,降低了土地流转的交易成本,减轻了农户对长期土地出租可能导致土地丧失的担忧,从而促进了农地的转出与转入 (程令国等,2016;许庆等,2017;林文声等,2017)。另一方面,土地产权安全性和稳定性的提高,保障了农户土地流转的收益权,使农村劳动力转移的机会成本降低,促进了农村劳动力的转移 (刘晓宇和张林秀,2008)。因此,农地确权政策削弱了土地产权制度对农村土地和劳动力要素的流动性约束,改变了农村土地资源和劳动力资源的利用方式,提高了农户承包土地或者外出务工的积极性,对农户的行为决策产生影响。并且制度因素对土地资源约束的放宽,使农户在资源有限的情况下,能够更好地合理配置资源,提高资源利用效率,从而增加其获取收入和摆脱贫困的能力,降低未来陷入贫困的可能性。基于以上分析,提出如下假说:

H1:农地确权颁证有助于降低农户未来陷入贫困的可能性。

H2:农地确权颁证会提高农户承包土地或外出务工的意愿。

(二) 农地确权与农户可持续减贫

中国农村家庭中最具能动性的经济资源要素就是土地和劳动力,而土地和劳动力资源的配置取决于农户家庭的整体理性决策。在农地确权政策尚未实施前,农村家庭掌握的土地资源因产权制度安排而缺乏足够的流动性,农户要么选择将有限的劳动力投入其所拥有的土地,进行农业生产来获取经营性收入;要么抛荒农田或委托亲友暂时代管,进城务工来获取工资性收入。当农户获取土地确权登记证后,农地确权所产生的产权激励效应将促使农村家庭调整自身的资源配置以实现最优选择。此时将出现如下四种情形:

情形 1:原先从事农业生产的农户转入土地进而扩大农业生产并支付土地租金。

情形 2:原先从事农业生产的农户转出土地转而进城务工并获取土地租金。

情形 3:原先进城务工的农户转入土地转而从事农业生产并支付土地租金。

情形 4:原先进城务工的农户转出土地进而获取其所拥有土地的租金。

上述四种情形的发生,归纳起来可以看作农村家庭在面对因农地确权而稳定的土地租金时,将有限的劳动力资源在农业生产和进城务工之间进行重新配置。

一方面,如果选择进城务工,那么农地确权将使农户转出土地来获取土地租金,财产性收入的增加将有助于改善农户的"收入贫困"状况。从"能力贫困"的角度来看,对于农村家庭尤其是贫困农户来说,因农地确权所带来的收入增加并不意味着脱贫能力的提升,进城务工的农村劳动力并未因额外的一笔收入而提高了其技术水平,农地确权反而可能降低了农户的工作意愿,增加了农村家庭未来陷入贫困的可能性。另一方面,如果选择农业生产,那么农业生产规模将会因土地资源流动性约束的降低而扩大。农户可以选择转入更多的土地或加入农业生产合作社成为农业生产专业户,相比于选择进城务工的农户,虽然短期内需要支付租金和增加投入来扩大农业生产，但从长期来看，要素投入的增加能够获取更稳定的收入回报，从而提高农户的脱贫能力，减少未来陷入贫困的可能性。基于以上分析，提出如下假说：

H3：农地确权颁证对于农地转入农户贫困脆弱性的改善效果要好于农地转出农户。

三、研究设计

（一）贫困脆弱性的计算方法

本文采用 Chaudhuri 等（2002）提出的未来贫困的贫困脆弱性指标（Vulnerability as Expected Poverty，VEP），即家庭未来陷入贫困的概率：

$$Vuln_i = \text{Prob}(y_i \leq poor) \tag{1}$$

其中，$Vuln_i$ 表示家庭 i 在未来发生贫困的概率，y_i 表示家庭的人均收入，$poor$ 表示贫困线。该指标可以反映家庭的未来情况，体现贫困的动态性，并且可以使用截面数据进行估计，应用广泛。本文假定人均收入服从对数正态分布，采用三阶段可行广义最小二乘法（FGLS）估计家庭未来发生贫困的概率。

$$\ln y_i = \hat{\beta} X_i + e_i \tag{2}$$

$$\hat{e}_i^2 = \theta X_i + \varepsilon_i \tag{3}$$

$$Vuln_i = \text{Prob}(y_i \leq \ln poor \mid X_i) = \phi\left(\frac{\ln poor - \hat{\beta}_{FGLS} X_i}{\sqrt{\hat{\theta}_{FGLS} X_i}}\right) \tag{4}$$

其中，式（2）和式（3）是估计收入方程并将回归后的残差平方作为收入波动进行 OLS 估计。X_i 表示影响家庭收入的相关变量，借鉴相关文献，主要纳入户主的性别、年龄、受教育程度、婚姻状况、就业状况、健康状况等个体特征变量和家庭人口规模、民间借贷、家庭存款等家庭特征变量以及城乡虚拟变量。式（4）中 $\hat{\beta}_{FGLS}$ 和 $\hat{\theta}_{FGLS}$ 是由最小二乘估计得到的拟合值构建权重进行 FGLS 估计得到的估计量。$\hat{\beta}_{FGLS} X_i$ 是收入期望的一致估计，$\hat{\theta}_{FGLS} X_i$ 是收入方差的一致估计。

在估计贫困脆弱性时，需要设定贫困线和脆弱线。本文采用世界银行的人均日消费 1.25 美元、2 美元和我国人均年纯收入 2300 元三个标准作为贫困线设定依据。判断脆弱性主要有两种方式：一是将贫困发生率视为脆弱线；二是以 50% 和 29% 概率值作为脆弱性的判断点，即当家庭未来发生贫困的概率大于 50% 或者 29% 时，就认为家庭具有贫困脆弱性（如表 1 所示）。

表 1　贫困与脆弱性的关系

贫困线标准	是否贫困	贫困率（%）	低脆弱线（29%）		高脆弱线（50%）	
			脆弱（%）	不脆弱（%）	脆弱（%）	不脆弱（%）
1.25 美元	贫困	15.14	68.29	31.71	30.74	69.26
	不贫困	84.86	19.55	80.45	7.00	93.00
	脆弱性		26.95	73.05	10.60	89.40

续表

贫困线标准	是否贫困	贫困率（%）	低脆弱线（29%）		高脆弱线（50%）	
			脆弱（%）	不脆弱（%）	脆弱（%）	不脆弱（%）
2 美元	贫困	27.30	80.47	19.53	39.21	60.79
	不贫困	72.70	37.45	62.55	9.90	90.10
	脆弱性		49.25	50.75	17.94	82.06
2300 元	贫困	24.49	96.08	3.92	50.19	49.81
	不贫困	75.51	20.92	79.08	2.86	97.14
	脆弱性		39.48	60.52	14.55	85.45

注：经过购买力平价和 CPI 调整，1.25 美元对应 2014 年人均消费额为 1717 元，2 美元对应 2748 元。我国 2011 年提出的人均纯收入 2300 元作为第三条贫困线标准。

从整体上来看，我国农村家庭中未来陷入贫困的占比偏高。以 2300 元贫困线标准为例，1/4 的家庭为贫困家庭。在 29% 低脆弱线标准下，脆弱家庭占比为 39.48%，农村贫困家庭中脆弱家庭占比高达 96.08%，而在 50% 高脆弱线标准下，农村贫困家庭中脆弱家庭占比为 50.19%。可以看出，我国的农村贫困依然是一个不容回避的问题，尤其是原本就处于贫困的家庭，其未来脱贫的任务依然艰巨。

（二）基准模型和工具变量

考虑到被解释变量贫困脆弱性为取值在 0~1 的连续变量，属于"受限的被解释变量"。因此，本文采用 Tobit 模型分析农地确权对农户贫困脆弱性的影响，基准模型如下：

$$Poverty_i^* = \alpha + \beta_1 Land_i + \beta_2 X_i + \varepsilon_i，\quad \varepsilon_i \sim N(0，\sigma^2) \tag{5}$$

$$\begin{cases} Poverty_i = 0，如果 Poverty_i < 0 \\ Poverty_i = Poverty_i^*，如果 0 < Poverty_i < 1 \\ Poverty_i = 1，如果 Poverty_i > 1 \end{cases}$$

其中，$Poverty_i$ 表示第 i 个农户的贫困脆弱性，$Land_i$ 表示第 i 个农户的农地确权情况，为 0~1 变量，X_i 表示控制变量，包括户主年龄、婚姻状况、教育情况、工作状况、健康状况、家庭规模、地区因素等，ε_i 表示随机误差项，假设服从正态分布。

核心解释变量的内生性是一个始终无法忽视的重要问题。在本文研究中，农地确权试点区域和时间的选择并不是严格外生的，政府会根据村庄的土地资源状况、农地承包情况、试点推广难度等因素来开展试点选定和推广工作（程令国等，2016）。此外，可能存在的反向因果、遗漏变量和测量误差等问题，同样会产生估计偏误，影响回归结果的准确性。因此，本文借鉴阮荣平等（2016）的方法，将"同一县域内其他农户领到《农村土地承包经营权证》的比例"作为工具变量。一方面，因为某一县域内参与农地确权试点农户的比例越高，该区域内特定农户领到《农村土地承包经营权证》的可能性就越大，满足工具变量的相关性规定；另一方面，工具变量反映的是县域农地确权情况，并不会与特定农户的个人情况有直接联系，符合外生性要求。

（三）数据来源和变量选择

本文所用的数据来源于 2014 年和 2016 年中国劳动力动态调查数据（China Laborforce Dynamics Survey，CLDS）。中国劳动力动态调查通过对中国城市和农村的村居进行两年一次的追踪调查，建立了以劳动力为调查对象的综合性数据库，包含了劳动力个体、家庭和社区三个层次的追踪和横截面数据，可为实证导向的理论研究和政策研究提供高质量的基础数据。因此，本文使用 CLDS2014 和 CLDS2016 共两年的调研数据组成面板数据，得到容量为 15720 的农村家庭样本。表 2 报告了变量定义和描述性统计分析。

表 2　变量定义与描述性统计

变量名称	变量定义	观测值	平均值	标准差	最小值	最大值
贫困脆弱性 1	1.25 美元	15354	0.2593	0.2245	0	1.0000
贫困脆弱性 2	2 美元	15354	0.3518	0.2293	0	1.0000
贫困脆弱性 3	2300 元	15354	0.3148	0.2281	0	1.0000
户主年龄	（岁）	15642	54.642	12.866	16.000	108.00
婚姻状况	在婚 =1，其他 =0	15720	0.9313	0.2531	0	1.0000
教育情况	大专及以上学历 =1，其他 =0	15660	0.0150	0.1216	0	1.0000
工作状况	工作 =1，其他 =0	15691	0.3915	0.4881	0	1.0000
健康状况	非常健康 =1，健康 =2，一般 =3，比较不健康 =4，非常不健康 =5	15720	2.4819	1.0710	1.0000	5.0000
家庭规模	家庭人口总数（人）	15720	4.5828	2.1979	1.0000	20.000

四、实证结果

（一）农地确权与贫困脆弱性：基准回归和工具变量

本文首先考察了农地确权对农户贫困脆弱性的影响，表 3 汇报了基准回归的结果。可以看出，不论是面板回归还是 Tobit 回归，抑或是以不同标准所确定的贫困脆弱性为被解释变量，核心解释变量农地确权的回归系数均显著为负，《农村土地承包经营权证》的颁发显著降低了农户的贫困脆弱性。从控制变量的影响来看，婚姻状况、受教育程度和工作状况的回归系数均显著为负，随着家庭结构的改善和教育水平的提升以及较稳定的收入来源，均有助于农户贫困状况的改善。同时，较高的户主年龄和较多的家庭人口，则意味着农业劳动能力的下降和家庭支出负担的增多，这些也都会提高农户未来陷入贫困的可能性。其中，健康状况的变量系数显著为负，这一结果与常理并不相符，这可能与我国当前"新农合"等对于贫困农户的帮扶政策有关，身体状况越差的农户家庭，当地政府会给予更多的政策倾斜。由此，基于上述分析，H1 得到了验证。

表 3　农地确权与贫困脆弱性：基准回归

变量	Fe	Fe	Fe	Tobit	Tobit	Tobit
	贫困线 1	贫困线 2	贫困线 3	贫困线 1	贫困线 2	贫困线 3
农地确权	−0.0140 **	−0.0129 **	−0.0133 **	−0.0254 ***	−0.0241 ***	−0.0247 ***
	(0.0058)	(0.0059)	(0.0059)	(0.0034)	(0.0035)	(0.0035)
户主年龄	0.0005	−0.0017 ***	0.0013 **	0.0029 ***	0.0016 ***	0.0021 ***
	(0.0005)	(0.0005)	(0.0005)	(0.0002)	(0.0002)	(0.0002)
婚姻状况	−0.1298 ***	−0.1069 ***	−0.1166 ***	−0.1960 ***	−0.1779 ***	−0.1865 ***
	(0.0153)	(0.0145)	(0.0149)	(0.0067)	(0.0069)	(0.0068)
教育情况	−0.0267	−0.0603 **	−0.0461 *	−0.0604 ***	−0.1005 ***	−0.0844 ***
	(0.0211)	(0.0248)	(0.0236)	(0.0140)	(0.0144)	(0.0143)
工作状况	−0.0742 ***	−0.0928 ***	−0.0862 ***	−0.0909 ***	−0.1145 ***	−0.1061 ***
	(0.0065)	(0.0067)	(0.0067)	(0.0038)	(0.0039)	(0.0039)
健康状况	−0.0221 ***	−0.0317 ***	−0.0281 ***	−0.0056 ***	−0.0126 ***	−0.0099 ***
	(0.0034)	(0.0034)	(0.0034)	(0.002)	(0.0017)	(0.0017)
家庭规模	0.0146 ***	0.0157 ***	0.0155 ***	0.0085 ***	0.0106 ***	0.0100 ***
	(0.0049)	(0.0047)	(0.0048)	(0.0008)	(0.0008)	(0.0008)
常数项	0.4309 ***	0.5966 ***	0.5313 ***	0.3212 ***	0.4889 ***	0.4219 ***
	(0.0380)	(0.0376)	(0.0379)	(0.0119)	(0.0122)	(0.0118)
样本数	15354	15354	15354	15354	15354	15354

注：*、**和***分别表示在 10%、5%和 1%的显著性水平上显著；括号内是标准误。

为了避免核心解释变量农地确权的内生性问题对本文估计结果的影响，本文在基准回归的基础上，通过引入工具变量，构建 IV/Tobit 模型，进一步考察了农地确权与农户贫困脆弱性之间的关联。根据表 4 的回归结果，第一阶段将样本农户是否取得《农村土地承包经营权证》作为被解释变量的工具变量回归系数显著为正，意味着同一县域内其他农户中参与农地确权的比例越高，样本农户所在村庄被选为农地确权试点的可能性就越大。第二阶段将农户贫困脆弱性作为被解释变量的农地确权回归系数显著为负，说明新一轮土地确权登记颁证有助于改善农户的贫困状况，进一步佐证了前文关于农地确权有助于降低农户贫困脆弱性的结论。

表 4　农地确权与贫困脆弱性：工具变量

变量	贫困线：1.25 美元		贫困线：2 美元		贫困线：2300 元	
	一阶段	二阶段	一阶段	二阶段	一阶段	二阶段
农地确权		−0.0199 ***		−0.0160 **		−0.0177 ***
		(0.0065)		(0.0068)		(0.0067)
工具变量	0.9561 ***		0.9561 ***		0.9561 ***	
	(0.0127)		(0.0127)		(0.0127)	

续表

变量	贫困线：1.25 美元		贫困线：2 美元		贫困线：2300 元	
	一阶段	二阶段	一阶段	二阶段	一阶段	二阶段
控制变量	控制	控制	控制	控制	控制	控制
常数项	0.0061 （0.0248）	0.3209 *** （0.0122）	0.0061 （0.0248）	0.4887 *** （0.0126）	0.0061 （0.0248）	0.4218 *** （0.0125）
样本数	15354	15354	15354	15354	15354	15354

注：*、**和***分别表示在 10%、5%和 1%的显著性水平上显著；括号内是标准误。

（二）农地确权与贫困脆弱性：行为决策

由基准回归的结果可知，《农村土地承包经营权证》的颁发显著降低了农户未来陷入贫困的可能性。基于效用最大化目标，农地确权进一步放宽了土地资源的约束条件，使农户通过要素资源的再次配置来提高总体收益。但从农户的行为决策来看，是否会如理论分析所预期的那样，农地确权会改变农户的行为决策，进而对其脱贫能力产生影响。为了进一步揭示农户不同行为决策所产生的影响，本文利用问卷中农户对于"去年，您家承包他人土地多少亩"和"他/她为什么不住在这个家里"共两个问题的回答，将有承包土地行为的和回答是"外出打工/工作"的分别赋值为 1，否则为 0，分析农地确权颁证对农户土地承包意愿和外出务工意愿的影响。并在此基础上，对样本按照是否属于农地确权试点地区进行分组，以控制农地确权对农户贫困脆弱性的影响，进一步分析农户不同行为决策所具有的减贫效应。

表 5 报告了农地确权影响农户行为决策以及不同行为对贫困脆弱性影响的回归结果。可以看出，农地确权对于农户土地承包意愿和外出务工意愿的影响呈现出略微差异。其中，以土地承包意愿为被解释变量的农地确权变量系数显著为正，意味着《农村土地承包经营权证》的颁发通过削弱土地产权制度对农地土地流转的限制，进一步激励了农户承包土地、扩大农业生产的积极性，与此同时，农地确权对外出务工意愿具有正向影响，土地确权试点的推广也促使更多的农户选择外出务工。还可以看出，农地确权不仅满足了那些原本从事农业种植的农户扩大生产规模的意愿，激活了农村中利用不足或弃耕闲置的土地，同时也激励了一些农户转出土地，进而选择外出务工。但从两者的系数大小来看，农地确权对于农户土地承包意愿的影响更大，这也可能是因为对于外出务工的农户来说，农地确权更多地意味着土地租金收益的合法化，只是对原先非正式土地流转的补充。由此，基于上述分析，H2 得到验证。

此外，Tobit 模型的分组回归结果进一步展现了农户行为决策对贫困脆弱性的影响[①]。从土地承包影响农户贫困脆弱性的结果来看，一方面，土地承包的变量系数仅在确权地区

---

① 受表格限制，表 5 仅汇报了 Tobit 模型中以贫困线 3 作为被解释变量的回归结果，本文还以贫困脆弱性 1 和贫困脆弱性 2 为被解释变量进行了 Tobit 回归，结果与表 5 的结论保持一致。

显著为负，降低了农地确权试点地区土地转入农户未来陷入贫困的可能性，说明更明确的土地产权制度保障了农户扩大农业生产的收益，有助于农户通过扩大种植规模来实现脱贫目标。另一方面，外出务工对农户贫困脆弱性的影响则呈现出与土地承包相反的结果，在未确权地区，外出务工的变量系数显著为正，因为对于农户来说，外出务工往往难以获取长期稳定的高额报酬，长期从事低技能低收入工作同样会增加农户重新陷入贫困的可能性。而在确权地区，外出务工的变量系数虽然为正但显著性较弱，因《农村土地承包经营权证》颁发而稳定的土地租金收入，在一定程度上缓解了外出务工对贫困脆弱性的不利影响。基于上述结果，H3 得到了验证，农地确权对于农地转入农户贫困脆弱性的改善作用要好于农地转出农户。

表 5　农地确权与贫困脆弱性：行为决策

变量	行为决策		贫困脆弱性		贫困脆弱性	
	土地承包	外出务工	确权地区	未确权地区	确权地区	未确权地区
农地确权	0. 2214 *** (0. 0431)	0. 0353 *** (0. 0117)				
土地承包			− 0. 0323 *** (0. 0070)	− 0. 0087 (0. 0076)		
外出务工					0. 0095 * (0. 0055)	0. 0196 *** (0. 0054)
控制变量	控制	控制	控制	控制	控制	控制
常数项	− 1. 4058 *** (0. 1646)	− 0. 5408 *** (0. 0432)	0. 4239 *** (0. 0177)	0. 4172 *** (0. 0161)	0. 4132 *** (0. 0176)	0. 4153 *** (0. 0161)
样本数	15561	15561	6764	8590	6764	8590

注：＊、＊＊和＊＊＊分别表示在 10%、5% 和 1% 的显著性水平上显著；括号内是稳健标准误。

（三）农地确权与贫困脆弱性：作用机制

《农村土地承包经营权证》的颁发，在减少土地资源束缚的同时，也进一步调整了农户的行为决策，并对农户的可持续减贫产生影响。但其中的作用机制如何？仍需进一步探析。本文基于调查问卷中关于"目前，您家是否参与了某种农业生产合作组织""请问您家机械化耕种的生产工具属于以下哪种情况""您曾经是否成功地从银行信用社等正规金融机构贷到款来用于生产性投资"的回答，构建三个虚拟变量指标，分别将回答"是""全部自家购买、和别人共同购买、部分自家拥有"和"是"的样本赋值为 1，否则为 0，用以观察农地确权对选择土地承包农户参与农业生产合作社、持有农业机械和获取农业生产信贷的影响。此外，考虑到农地确权对外出务工农户的影响主要源自于土地转出获取的租金收益，本文还通过构建 Tobit 模型，进一步分析了农地确权对外出务工农户家庭财产性收入的影响。

　　表 6 报告了农地确权影响农户贫困脆弱性的作用机制回归结果。可以看出，以农业合作社和生产性借贷为被解释变量的 Tobit 回归，其核心解释变量农地确权的变量系数显著为正，意味着农地确权试点的推广，提高了土地承包农户参与农业生产合作社的积极性和获取生产性借贷的概率。土地产权制度的明晰，极大地缓解了因产权模糊而导致的土地承包经营纠纷，使农户可以通过加入农业生产合作社实现规模经营，提高了农业生产的经济效益和预期收益的稳定性。同时，土地物权保障功能的强化，进一步缓解了农户长期以来因无法提供担保、没有足够的抵押物而面临的融资约束，有助于贷款难问题的解决。但也可以发现，一方面，农地确权并没有提升农户农机持有的概率，是否家庭持有农业机械并不与土地的产权情况有直接关联。随着农业分工和专业化生产的趋势日益明显，因农地确权颁证而扩大的农业生产规模，反而可能促使农户减少农业机械的家庭持有，转而依靠合作社和农机队来实现农业机械化生产；另一方面，值得注意的是，以外出务工农户财产性收入为被解释变量的 Tobit 回归结果中，农地确权的变量系数不显著为正，外出务工农户并未因土地产权的明晰而获取更多的财产性收入，这可能是因为在农地确权试点实施之前，土地的非正规流转现象就已经普遍存在，《农村土地承包经营权证》的颁发只是将已有的流转行为合法化，并且促使更多的闲置土地流出，压低了土地租赁价格，使外出务工农户转出土地所获取的租金收入并未明显增加。可见，农地确权通过缓解资金融资约束、提高农业经济效益和稳定预期生产收益，从而降低了土地转入农户未来陷入贫困的可能性。同时，因土地租金收入增加不明显，农地确权对土地转出农户贫困脆弱性的改善作用较弱。

表 6　农地确权与贫困脆弱性：作用机制

变量	土地承包			外出务工
	农业合作社	农机持有情况	生产性借贷	财产性收入
农地确权	1. 1943 ***	0.0949	0. 3003 *	0.9388
	(0. 4618)	(0. 1953)	(0. 1546)	(0. 7702)
控制变量	控制	控制	控制	控制
常数项	− 2. 4979 ***	− 10. 188 ***	− 0. 6131 ***	− 37. 751 ***
	(1. 7128)	(316. 90)	(0. 6026)	(3. 3730)
样本数	1056	1910	1910	9381

　　注：* 、**和 ***分别表示在 10%、5%和 1%的显著性水平上显著；括号内是标准误。

五、结论与政策启示

（一）主要结论

　　本文利用中国劳动力动态调查（CLDS）2014 年数据，实证分析了农地确权颁证对农户可持续减贫的影响，得出了以下三点研究结论：一是《农村土地承包经营权证》的颁发有助于降低农户未来陷入贫困的可能性，在控制内生性问题之后，这一结论仍然成立；二是农地确权试点的推进，显著提高了农户土地承包和外出务工的意愿，且农地确权颁证对于农地转入农户贫困脆弱性的改善作用要好于农地转出农户；三是农地确权通过明晰土地产权，显著提高了土地承包农户参与农业生产合作的积极性，并在一定程度上缓解了农户的融资约束，但并未影响农户家庭持有农业机械的意愿。同时，对于外出务工农户，转出土地所获取的租金收入并未明显增加，这也是农地确权对外出务工农户贫困脆弱性改善作用较弱的原因。

（二）政策启示

上述研究结论具有以下三点政策启示：一是农地确权本身并不具备显著的减贫效应，其减贫作用的发挥，主要依赖于土地资源的高效利用和其他要素资源的持续投入，因此需要确保农户土地流转的安全性，以促进土地资源的合理配置；二是创新农村流转土地利用方式，提高农业生产经营效率，避免土地经营权向土地租金的简单转换，从而失去保障农户脱贫增收的功能；三是发展多种形式的农业生产经营方式、推动农业专业化分工和落实农地经营权抵押政策，进一步为土地流转创造有利的外部条件，以提高农业经济效益和稳定预期收益，进而实现农户可持续减贫目标。

参考文献

［1］陈锡文，罗丹，张征．中国农村改革 40 年［M］．北京：人民出版社，2018.

［2］薛凤蕊，乔光华，苏日娜．土地流转对农民收益的效果评价——基于 DID 模型分析［J］．中国农村观察，2011（2）：36-42+86.

［3］李中．农村土地流转与农民收入——基于湖南邵阳市跟踪调研数据的研究［J］．经济地理，2013，33（5）：144-149.

［4］骆永民，樊丽明．土地：农民增收的保障还是阻碍？［J］．经济研究，2015，50（8）：146-161.

［5］冒佩华，徐骥，贺小丹，周亚虹．农地经营权流转与农民劳动生产率提高：理论与实证［J］．经济研究，2015，50（11）：161-176.

［6］柯炼，黎翠梅，汪小勤，李英，陈地强．土地流转政策对地区农民收入的影响研究——来自湖南省的经验证据［J］．中国土地科学，2019，33（8）：53-62.

［7］刘俊杰，张龙耀，王梦珺，许玉韫．农村土地产权制度改革对农民收入的影响——来自山东枣庄的初步证据［J］．农业经济问题，2015，36（6）：51-58+111.

［8］钱忠好，王兴稳．农地流转何以促进农户收入增加——基于苏、桂、鄂、黑四省（区）农户调查数据的实证分析［J］．中国农村经济，2016（10）：39-50.

［9］朱建军，胡继连．农地流转的地权配置效应研究——基于 CHARLS 数据［J］．农业技术经济，2015（7）：36-45.

［10］夏玉莲，匡远配，曾福生．农地流转、农村劳动力转移与农民减贫［J］．经济经纬，2017，34（5）：32-37.

［11］宁静，殷浩栋，汪三贵．土地确权是否具有益贫性？——基于贫困地区调查数据的实证分析［J］．农业经济问题，2018（9）：118-127.

［12］蔡洁，夏显力．农地流转真的能够减贫吗？［J］．干旱区资源与环境，2018，32（7）：1-6.

［13］刘魏，王小华．农地流转的多维减贫效应及其异质性研究［J］．宏观质量研究，2019，7（3）：51-65.

［14］程令国，张晔，刘志彪．农地确权促进了中国农村土地的流转吗？［J］．管理世界，2016（1）：88-98.

[15] 许庆，刘进，钱有飞．劳动力流动、农地确权与农地流转［J］．农业技术经济，2017（5）．

[16] 林文声，秦明，王志刚．农地确权颁证与农户农业投资行为［J］．农业技术经济，2017（12）：4-16.

[17] 刘晓宇，张林秀．农村土地产权稳定性与劳动力转移关系分析［J］．中国农村经济，2008（2）：29-39.

[18] Chaudhuri S, Jalan J, Suryahadi A. Assessing Household Vulnerability to Poverty from Cross-sectional Data: A Methodology and Estimates from Indonesia［R］. Discussion Paper, 2002：102-152.

[19] 阮荣平，徐一鸣，郑风田．水域滩涂养殖使用权确权与渔业生产投资——基于湖北、江西、山东和河北四省渔户调查数据的实证分析［J］．中国农村经济，2016（5）：56-70.

Does the Confirmation of Farmland Rights Help to Improve the Ability of Farmers to Get Rid of Poverty?
—From the Perspective of Poverty Vulnerability

Fu Yu[1], Pan Xu-wen[2]

(1. *College of food and materials, Nanjing University of Finance and Economics, Nanjing*, 210023;

2. *School of Public Economics and Administration, Shanghai University of Finance and Economics,*

Shanghai, 200433)

Abstract：In the "post poverty era", how to consolidate the achievements of poverty alleviation and establish a long-term mechanism to prevent poverty return are the problems that we must face and answer to promote inclusive development and achieve the goal of sustainable poverty reduction. Based on the data of China's labor force dynamic survey in 2014 and 2016, this paper systematically investigates the impact of rural land ownership on Farmers' ability to get rid of poverty. The results show that：①the certification of rural land ownership helps to reduce the possibility of farmers falling into poverty in the future；②rural land ownership significantly improves farmers' willingness to contract land and go out to work, and plays an important role in improving farmers' vulnerability to poverty；③the clarity of land property rights system improves the enthusiasm of land transfer farmers to participate in agricultural cooperatives, alleviates the financing constraints of agricultural production, but does not increase the willingness of land contract farmers to hold agricultural machinery and the property income of migrant farmers. Therefore, we should continue to innovate the circulation of land use, promote the specialization of agricultural division of labor and implement the mortgage policy of agricultural land management rights, so as to improve the agricultural economic benefits and stabilize the expected income, which is also the key to play the role of land poverty alleviation and security.

Key Words：Rural Land Ownership；Sustainable Poverty Reduction；Poverty Vulnerability；Tobit Model

《粮食经济研究》 征稿启事

　　《粮食经济研究》是由南京财经大学粮食经济研究院主办，经济管理出版社出版的专业学术刊物。本刊旨在提供一个学术交流的平台，广泛动员国内外学者和社会各界力量，共同关注中国粮食问题、全面开展深入细致的研究，为宏观决策、学科建设和研究队伍建设服务。

　　《粮食经济研究》以学术中立、鼓励创新为办刊原则，以反映粮食经济领域高水平学术研究最新成果为办刊宗旨，力求严谨、深入、细致、求实的学术风范。刊物设置综述、论文、译文、书评四个栏目，主要刊登粮食经济领域内有关粮食生产和流通问题研究的学术论文。

　　由国内外知名专家学者组成学术委员会，指导《粮食经济研究》的办刊方向、论文选题和学术规范。

　　《粮食经济研究》采取匿名审稿制度，聘请相关领域的资深专家对所有投稿进行审定，确保刊物学术水准和办刊质量。

　　刊物目前为半年刊。欢迎所有关注粮食问题的国内外专家学者和研究人员踊跃投稿，稿件应以粮食问题为主要内容。稿件收到后，稿件处理情况将在三个月内通知作者。具体稿件要求请登录南京财经大学粮食安全与战略研究中心网站查询，网址为：http：//cfsss. nufe. edu. cn/。

　　编辑部地址：南京市鼓楼区铁路北街 128 号南京财经大学 31 号信箱

　　邮政编码：210003

　　联系人：刘婷；赵霞

　　联系电话：025-83495942；025-83494738

　　电子邮件：lsjjyjjk@ 163. com

《粮食经济研究》投稿须知

为保证稿件评审的客观公正和刊物学术质量的提高,《粮食经济研究》实行双向匿名审稿制度。作者投稿时请注意以下事项:

一、本刊物采取电子邮件投稿,作者投稿时请在来稿主题注明"专投"字样,请勿一稿多投,以免影响审稿和刊用。作者来稿以电子邮件稿件为准,无须寄送纸质稿件。

二、本刊仅接受和刊登粮食经济领域内的学术文章,作者投稿时请选择稿件所投栏目,同时请注意投稿范围不要超出本刊的栏目所限。本刊栏目有综述、论文、译文、书评四个栏目等。

三、作者可通过电子邮件、电话等方式查询稿件处理情况。凡投稿两个月未收到编辑部刊用或修改通知,作者可另行处理稿件。

四、本刊编辑出版执行国家有关编排规范标准,请作者参照网站上的论文模版格式。稿件形式上请遵循以下要求:

(一)来稿篇幅一般在10000~20000字。投稿应论点突出、方法科学、论据充足、逻辑清楚、语言简练。基金项目产出的论文应注明基金项目全称,并在圆括号内注明其项目编号。

(二)投稿应注明作者署名,并附作者简介,包括姓名、出生年月(1980年×月生)、性别、民族(汉族可省略)、籍贯(如江苏省××市/县人)、职称、学历、研究方向、具体工作单位、邮编、通讯地址、电话、E-mail等。以上内容请单列在一个页面上。

(三)题名应简明、具体、确切,能概括文章的要旨,一般不超过20个字,必要时可加副标题。全文标题的层次要分明,节段的序号用一、(一)1.(1)表示。

(四)请用中英文两种文字标明文章题目、作者单位、姓名(用汉语拼音)、摘要、关键词。摘要应详细说明论文的研究目的、采用的方法、结果、结论和创新之处。摘要应以提供内容梗概为目的,不加评论和补充解释,简明、确切地记述论文重要内容。不能写成论文的提纲和引言,不要出现"本文""文章"等字样。具有独立性和自含性,一般不超过300字。关键词是反映论文主体概念的专有名词或词组,一般应选3~8个。

(五)论文的开始应有本论题的研究成果综述,指出本文的创新点是什么。

(六)稿件推荐采用Word文档格式,中文字体采用宋体,西文字体采用Times New Roman。其中,文章标题采用3号黑体,一、二级标题分别用4号黑体(居中)和小4号黑体,正文字号为5号宋体,行距为单倍行距,图、表中的字号用小5号宋体(表题、图题小5号黑体,居中);中英文摘要5号字体,注释是对文章篇名、作者及文内某一特定内容的进一步解释和补充,注释序号用带圆括号的阿拉伯数字表示。参考文献采用小五号字体。

(七)参考文献请按引用顺序编号附于正文之后,并在文中进行一一实引;正文中采用"作者+年代"形式。各种文献的著录信息必须完整，外文文献的作者姓名著录格式参照中文相应文献的著录格式（姓在前、名在后，姓不缩写，名可以缩写，例如，"ALBERT（名）EINSTEIN（姓）"应写为"Einstein A"）。

（八）文献类型标志代码：普通图书——M；期刊——J；报纸——N；会议录——C；汇编——G；学位论文——D；报告——R；电子公告——EB；标准——S；专利——P；数据库——DB；计算机程序——CP；联机网络——OL；光盘——CD。

参考文献要素要齐全。具体示例如下：

[1] 李晓东，张庆红，叶瑾琳. 气候学研究的若干理论问题 [J]. 北京大学学报（自然科学版），1999，35（1）：101-106.

[2] Alexander N, Myers H. European Retail Expansion in South East Asia [J]. European Business Review, 1999, 34（2）：45-50.

[3] 马龙龙. 流通产业组织 [M]. 北京：清华大学出版社，2006：60-61.

[4] Alexander N. International Retailing [M]. Oxford：Blackwell Business, 1997：23-26.

[5] 胡平. 论企业文化 [N]. 杭州日报，2003-02-25（12）.

[6] 张志祥. 间断动力系统的随机扰动及其在守恒律方程中的应用 [D]. 北京大学数学学院博士学位论文，1998：55-59.

[7] 辛希孟. 信息技术与信息服务国际研讨会论文集：A 集 [C]. 北京：中国社会科学出版社，1994：251-265.

[8] 王斌. 信息技术与信息服务 [M] //许厚泽，赵其国. 信息技术与应用. 北京：中国社会科学出版社，1998：121-140.

[9] 钟文发. 非线性规划在可燃毒物配置中的应用 [C] //赵玮. 运筹学的理论与应用：中国运筹学会第五届大会论文集. 西安：西安电子科技大学出版社，1996：468-471.

[10] Weinstein L, Swertz M N. Pathogenic Properties of Invading Microorganism [M] // Sodeman W A, Sodeman W A. Pathologic Physiology：Mechanisms of Disease. Philadelphia：Saunders, 1974：745-772.

[11] 冯西桥. 核反应堆压力管道与压力容器的 LBB 分析 [R]. 北京：清华大学核能技术设计研究院，1997.

[12] 江向东. 互联网环境下的信息处理与图书管理系统解决方案 [J/OL]. 情报学报，1999，18（2）：4 [2000-01-18]. http：//www. chinainfo. gov. cn/periodical/gbxb/gbxb99/gbxb990203.

[13] 奚纪荣. 武略文涛 [M/OL]. 上海：汉语大词典出版社，2001：13 [2006-01-25]. http：//testserv- er. lib. pku. edu. cn：918/detil？.

[14] 方舟子. 学术评价有新招 [N/OL]. 中国青年报，2006-01-11（9）.（2006-01-11）[2006-03-02]. http：//scitech. people. com. cn/GB/1057/4017988. html.

[15] 萧钰. 出版业信息化迈入快车道 [EB/OL].（2001-12-19）[2002-04-15]. http：//www. Book- tide. com/news/20011219/200112190019. html.

欢迎新老作者积极为本刊赐稿。

编辑部地址：南京市鼓楼区铁路北街 128 号南京财经大学 31 号信箱

邮政编码：210003

联系人：刘婷；赵霞

联系电话：025-83495947；025-83494738

电子邮件：lsjjyjjk@163.com

本刊充分尊重作者的观点，但是有权修改或删节。不同意删改者请投稿时注明。请勿一稿多投，来稿不退，请自留底稿。三个月未见任何通知，作者可自行处理。稿件一经采用，即按规定邮寄稿酬，并赠送样刊两册。

另外，请将论文发表后的反响情况，如被转载、摘登、决策采用、获奖等情况及时告知我刊，我刊表示衷心的感谢！

《粮食经济研究》编辑部

图书在版编目（CIP）数据

粮食经济研究 . 2020. 第 2 辑/曹宝明主编 . —北京：经济管理出版社，2021.1
ISBN 978-7-5096-7892-3

Ⅰ.①粮… Ⅱ.①曹… Ⅲ.①粮食问题—研究—中国 Ⅳ.①F326.11

中国版本图书馆 CIP 数据核字（2021）第 061633 号

组稿编辑：陆雅丽
责任编辑：任爱清
责任印制：黄章平
责任校对：张晓燕

出版发行：经济管理出版社
　　　　　（北京市海淀区北蜂窝 8 号中雅大厦 A 座 11 层　100038）
网　　址：www. E-mp. com. cn
电　　话：（010）51915602
印　　刷：唐山昊达印刷有限公司
经　　销：新华书店
开　　本：787mm×1092mm/16
印　　张：9.25
字　　数：220 千字
版　　次：2021 年 1 月第 1 版　2021 年 1 月第 1 次印刷
书　　号：ISBN 978-7-5096-7892-3
定　　价：68.00 元